LE BIEN-ÊTRE au cœur de VOTRE VIE

LE BONHEUR EST ENTRE VOS MAINS

W0209583

Sylvain Bonnet

© Éditions First, un département d'Édi8, 2016

Le Code de la propriété intellectuelle interdit les copies ou reproductions destinées à une utilisation collective. Toute représentation ou reproduction intégrale ou partielle faite par quelque procédé que ce soit, sans le consentement de l'auteur ou de ses ayants cause est illicite et constitue une contrefaçon sanctionnée par les articles L. 335-2 et suivants du Code de la propriété intellectuelle.

ISBN : 978-2-412-01666-4

Dépôt légal : octobre 2016

Imprimé en Italie par LEGO

Couverture, mise en pages et illustrations : Canographie

Suivi éditorial : Charlotte Bourgeois

Correction : Ségolène Estrangin

Éditions First, un département d'Édi8
12, avenue d'Italie
75013 Paris – France
Tél. : 01 44 16 09 00

Fax : 01 44 16 09 01
E-mail : firstinfo@efirst.com
Site internet : www.editionsfirst.fr

SOMMAIRE

AVANT-PROPOS

On vit une époque extraordinaire !

Nous vivons une époque formidable, j'aime le répéter ! Nous vivons plus longtemps et mieux qu'avant. Nous sommes de mieux en mieux soignés. Nous avons accès à un niveau d'information et de communication exceptionnel. Ma génération est la première qui n'a jamais connu la guerre. Nous ne connaissons pas la famine. Les maladies que nous devons soigner sont, le plus souvent, des maladies de civilisation.

Et pourtant, on parle souvent de violence, de chômage, de climat, de crise… L'époque nous paraît hostile. D'après un sondage réalisé par Ipsos pour Les Trophées du Bien-être en 2015, un Français sur deux considère qu'il passe à côté de sa vie. Mais alors pourquoi ne parle-t-on pas aussi des découvertes scientifiques qui changent nos existences ? De l'innovation ? Des avancées économiques et technologiques qui vont optimiser notre quotidien ? Le plaisir de la découverte doit nourrir le bien-être. Le plaisir de connaître devrait nous remplir de joie car en comprenant mieux le monde qui nous entoure, nous pouvons nous adapter, construire nos rêves.

On dit que nos enfants vivront moins bien que nous. C'est une énorme erreur ! Nos enfants auront des valeurs différentes. Ils souhaitent avant tout réussir leur vie et être bien, là où nous souhaitions réussir dans la vie. Nos peurs construites sur l'inquiétude du lendemain nous empêchent de nous inscrire dans un monde moderne où les révolutions scientifiques, sociales, technologiques et économiques vont dessiner de nouveaux contours. Être bien est une des clés du bonheur et de la réussite. Pour nos enfants, pour nous, le bonheur est un droit mais c'est aussi un devoir. On ne peut partager que ce que l'on a : lorsque l'on est bien, on peut partager et communiquer son bien-être !

Cet ouvrage est donc un livre de bien-être et d'optimisme à travers dix thèmes choisis pour baliser votre journée. J'espère qu'il vous permettra de constater qu'on peut mettre du bien-être partout, à condition de savoir le déceler et de s'en réjouir. Il vous permettra peut-être aussi de trouver les clés de votre bonheur futur.

Embrassez bien-être et joie de vivre aujourd'hui et demain ! Le meilleur est à venir !

Chapitre 1

LE BIEN-ÊTRE et le Bien-manger

"Je suis pour l'augmentation du goût de la vie."

Jacques Dutronc

Dans l'ouvrage *Vivre mince, mieux, plus longtemps*, que j'ai coécrit avec le professeur Josette Dall'Ava Santucci, nous avons décrit le concept du Compte Épargne Santé. Le principe est simple : pour contrôler son poids, on peut gérer son corps comme un compte en banque. Au quotidien, nous équilibrons les dépenses et les entrées d'énergie (ou d'argent), ce qui nous donne le poids (ou le solde) à la fin du mois. Vous avez aussi votre épargne. Sur votre Compte Épargne Logement par exemple, vous déposez de temps en temps un peu d'argent dans le but de réaliser un projet à long terme. Pour votre santé, c'est pareil, vous pouvez épargner ! Votre corps enregistre certains petits gestes, parfois anodins et sans conséquence sur le poids, mais très intéressants pour un projet à plus long terme : le bien-être ! Ce sont ces petits gestes qui feront fructifier votre Compte Épargne Santé que je vous propose : manger mieux et bouger plus bien sûr, mais pas seulement ! Cultiver l'optimisme, savoir s'occuper de soi et des autres, mettre de la culture dans sa vie, prendre soin de son bonheur et le partager.

Concernant le bien-manger, on pose souvent des questions du type : « Faut-il manger sans gluten ? », « Les noix sont-elles vraiment bonnes pour la santé alors que c'est gras ? ». Je préfère toujours répondre que les études scientifiques font et défont très rapidement la réputation de certains aliments. Aujourd'hui, les bonnes matières grasses sont à la mode, on nous conseille de manger des sardines et des avocats… mais rappelez-vous il y a quinze ans, on faisait la chasse au gras en allégeant tous les aliments !

Il y a en revanche certains grands principes en nutrition qui ne se défont pas et qui sont très importants : manger en écoutant son corps et manger en écoutant son cœur. Je vais aussi partager avec vous les dernières découvertes en matière de nutrition et en particulier les « psychobiotes », ces aliments qui nous rendent heureux !

" La véritable discipline, c'est de ramasser des fraises sans en manger une seule."

Doug Larson

ÉCOUTEZ VOTRE CORPS : MANGEZ EN PLEINE CONSCIENCE

LA PLEINE CONSCIENCE

La pleine conscience est une forme de méditation qui nous vient tout droit du bouddhisme. Elle consiste à focaliser pleinement son attention sur le moment présent et à analyser les sensations ressenties, en se servant notamment de l'observation de la respiration pour accéder au fameux état de « pleine conscience ». Cette méthode de gestion des émotions invite à porter son attention « ici et maintenant » sans chercher à contrôler son environnement ou ce que l'on ressent.

Manger en pleine conscience, c'est manger en profitant totalement du moment présent, sans angoisse. En appréciant chaque repas, chaque bouchée. Mais aussi en jouissant des gens qui nous entourent, en les écoutant sincèrement, en les regardant dans les yeux. C'est surtout en ressentant pleinement les effets du repas sur notre corps, en sachant savourer le moment où l'on mange avec une réelle faim et le moment où la faim et le plaisir de manger s'atténuent. Manger en pleine conscience, c'est la garantie de manger selon ses besoins et de prendre plus de plaisir à chaque repas.
Sentir la faim, c'est aussi sentir le rassasiement, le plaisir de manger, le plaisir de s'arrêter de manger quand notre corps n'en a plus besoin. Rien ne sert de compter les calories, il faut écouter ce que l'on ressent.

LE SAVIEZ-VOUS : DEUX TYPES DE RASSASIEMENT

Le rassasiement gustatif se passe dans la bouche et consiste en une disparition du plaisir gustatif pour un type d'aliment. On est alors rassasié de l'aliment que l'on mange : « Je suis rassasié de pâtes. » Mais on peut encore avoir faim, et désirer un autre aliment, pour lequel on aura encore de l'appétit : « Je désire un dessert. » Pour le percevoir, il est nécessaire d'avoir faim quand on commence à manger, et de prêter de l'attention aux sensations gustatives et au plaisir provoqué par l'aliment.

Le rassasiement global est la fin de tout plaisir à manger, quel que soit l'aliment. À ce stade, vous avez pris assez de plaisir et votre estomac est rempli et distendu. Vous devez ressentir une sensation de plénitude (mais pas d'inconfort). Elle signale au cerveau que l'on peut s'arrêter de manger.

ALORS COMMENT MANGER EN PLEINE CONSCIENCE, CHEZ SOI OU AU RESTAURANT ?

Concentrez-vous sur les détails qui font le lien entre vous et la nourriture. Regardez la vaisselle, commentez les couverts, parlez du vin, des détails de la carte. Observez tout et faites en sorte que la conversation ait un rapport, pas nécessairement avec votre assiette, mais avec ce moment au restaurant. Faites des pauses en lâchant vos deux couverts en même temps.

Soyez aussi attentif à votre posture, lorsque l'on mange bien droit, on ressent plus facilement les signaux de satiété. Et surtout profitez du moment présent !

PAS DE PORTABLE À TABLE !

Une étude réalisée par des psychologues d'Essex en 2015 sur le portable à table démontre que la simple présence du téléphone portable sur la table pousse les participants au déjeuner à choisir des sujets de conversations futiles. L'explication est simple, les téléphones portables signalent automatiquement une idée de réseau social agrandi, ce qui réduit le niveau de compréhension d'un dialogue en tête-à-tête. En bref, en mettant un téléphone portable à portée de main, on signale que d'« autres » sont ici également. Le portable dans les restaurants est devenu une véritable plaie. Un restaurant à New York a fait une étude récemment. En 2004, il se passait 8 minutes avant qu'une commande soit prise. Aujourd'hui, le serveur doit attendre le client 21 minutes : le temps que ce dernier installe le WiFi gratuit, envoie des messages ou poste des photos. De ce fait, certains établissements prennent des mesures radicales. À côté de Jérusalem, un restaurateur a décidé de faire baisser la facture de 50 % si vous éteignez votre mobile. Sinon, vous pouvez aussi télécharger l'application Dinner Mobile : cette application met votre portable non pas en « mode avion », mais en « mode dîner ». Son but n'est pas de le couper mais de vous empêcher de le regarder. Si vous craquez, Dinner Mobile vous insulte. En fait, il vous suffit d'entrer le temps estimé de votre repas, puis de poser votre Smartphone, retourné, sur la table. Si vous osez l'effleurer avant la fin du compte à rebours, vous recevez un message vous indiquant combien vous contribuez à la mauvaise ambiance de la soirée.

LE PONDÉROSTAT

Le corps est équipé d'un système de régulation naturelle que l'on appelle le « pondérostat ». Notre corps sait de quoi il a besoin et en quelle quantité. En clair, juste en écoutant votre corps avant un repas, vous êtes capable de dire de quoi il a envie : un poisson, des pâtes, une douceur sucrée… En principe, et si votre pondérostat fonctionne bien, il a envie de ce dont il a besoin. Les mécanismes de faim et de rassasiement sont essentiels pour la régulation de notre prise alimentaire. Les bébés et les jeunes enfants ont un pondérostat particulièrement fin. Ils s'arrêtent quand leur corps dit non tout simplement. Les animaux aussi savent très bien faire ça. Essayez d'imaginer que nous nous trouvions à table dans un « havre de paix », un lieu agréable dans lequel nous nous sentons à l'aise, serein, en sécurité. Dans cet endroit de rêve, nous sommes bien, la température est idéale. À droite sur une table, imaginez les aliments : des frites, un steak sauce béarnaise et des pâtes sous le fromage râpé. À gauche, se trouvent des fruits, des légumes croquants de saison et des poissons grillés… Nous nous sentons calmes, détendus. Nous allons choisir tout naturellement les aliments riches en vitamines et en minéraux, en sentant les bienfaits qu'ils procurent, leur fraîcheur, leur saveur, leur goût…

Malheureusement, ce système de régulation est fragile et se dérègle facilement. Lorsque l'on mange angoissé, lorsque l'on mange dans le bruit en faisant autre chose, ou quand on prend l'habitude de ne plus manger en fonction de ses sensations alimentaires, le pondérostat ne fonctionne plus.

EXERCICE

POUR UN PONDÉROSTAT FONCTIONNEL

Voici quelques exercices à faire pour vous aider à retrouver un pondérostat fonctionnel :

30 minutes avant le repas, prenez 5 minutes pour vous dire : « De quoi ai-je envie ? »
Au début, vous aurez envie de votre plat préféré et ensuite si vous répétez cet exercice avant chaque repas, vous aurez envie de ce dont vous avez besoin.

Après chaque repas, notez les sensations alimentaires éprouvées pendant les repas :

Mes sensations durant le repas : ....

....

....

Mon niveau de rassasiement à la fin du repas : ....

....

Me suis-je arrêté(e) quand je n'avais plus faim ? ....

Suis-je heureux de mon repas ? ....

Était-ce ce dont j'avais envie ? ....

Mon niveau de plaisir pendant le repas (de 0 à 10) : ....

ATTENTION AUX RESTAURANTS BRUYANTS

Le bruit, lorsque l'on mange, trouble les signaux du corps. Il faut se méfier des ambiances bruyantes à table, de la musique trop forte et des conversations toujours plus sonores de nos voisins. Tout cela nous empêche de nous concentrer sur notre propre conversation et d'identifier nos signaux de satiété et de plaisir. Le résultat est simple : on mange plus, on prend moins de plaisir. C'est donc à fuir !

LE SAVIEZ-VOUS ?

Après la mauvaise qualité du service, le bruit est la deuxième cause de plainte des clients de restaurants selon un sondage *Zagat* mené à New York en 2012. Depuis 2012, le restaurant *Eat*, dans le quartier branché de Greenpoint, à Brooklyn, organise des repas silencieux chaque semaine. Le patron des lieux, Nicholas Nauman, y impose un silence quasi religieux à ceux qui viennent découvrir ses menus bio réalisés à base de produits locaux. Interdiction de parler, de téléphoner ou de faire du bruit en tournant les pages d'un magazine. Même se moucher est prohibé. Vous êtes ainsi invité à vous concentrer sur votre assiette et votre monde intérieur plutôt que sur les distractions de l'extérieur.

MANGER EN ÉCOUTANT SON CŒUR

Les spécialistes du comportement alimentaire le disent et le redisent. Manger ensemble, dans un moment de convivialité, dans le partage avec des proches permet de réguler son appétit et d'augmenter son bien-être.

Le mécanisme est simple : lorsque vous profitez d'un bon moment entre amis ou en famille, que vous riez, que vous appréciez votre repas, vous êtes comblé de plaisir et donc l'envie de vous remplir pour éventuellement ressentir plus de plaisir à vous alimenter vous quitte petit à petit. Par ailleurs, et nous y reviendrons tout au long de cet ouvrage, le fait de tisser du lien social, de profiter de vos amis, d'échanger avec eux sur des sujets intéressants et sincères vous maintient dans un état de bien-être qui vous pousse à prendre soin de vous. En aimant les autres, vous vous aimez et donc vous mangez à votre faim et en vous faisant plaisir ! Manger avec son cœur est donc un mécanisme de régulation de la prise alimentaire. D'ailleurs, lorsque vous pensez que vous allez passer un mauvais déjeuner parce que vous êtes mal accompagné, faites un exercice simple : commentez positivement votre assiette, usez des expressions favorites des émissions culinaires, « c'est croquant et fondant », « c'est esthétiquement très réussi… », « c'est très gourmand et gourmet en même temps… », c'est la garantie pour vous de maintenir du plaisir à table.

LE SAVIEZ-VOUS ? BIEN MANGER POUR BIEN DORMIR

Il existe un lien fort entre la qualité de l'alimentation du soir et la qualité du sommeil. D'abord, il faut savoir que le délai entre le dîner et le petit déjeuner du lendemain est long. Si le corps n'a pas ingéré un apport énergétique suffisant, le sommeil en souffre. Il se fragmente et on se réveille. La nuit, notre cerveau classe les informations de la journée et il a besoin de carburant pour le faire. Il faut se nourrir suffisamment le soir pour tenir jusqu'au matin. Cependant, les repas copieux et riches ne créent pas un climat propice à un bon sommeil en élevant la température au moment de l'endormissement, justement lorsque, physiologiquement, la température corporelle doit au contraire baisser. Donc pour bien dormir, privilégiez les féculents, en particulier le riz et les pommes de terre, réduisez les protéines à un œuf dur ou une tranche de jambon. Ajoutez une bonne portion de légumes, un laitage et un fruit et évitez les boissons riches en caféine (thé, café…) et l'alcool.

UNE NOURRITURE DU BIEN-ÊTRE

FAUT-IL MANGER LOCAL ?

Pour certains, cela signifie manger des produits français. Pour d'autres, manger des produits régionaux. De façon plus pragmatique, on considère comme locaux les produits les plus proches de chez soi. Scientifiquement, on parle de « kilomètres alimentaires » ou *food miles*. Ainsi, au-delà de 500 km alimentaires, les produits ne peuvent pas être considérés comme « locaux ». En mangeant local, on mange aussi de saison et c'est le plus important. Les aliments de saison sont cultivés de manière plus naturelle, ils sont cueillis à maturité lorsqu'ils sont gorgés de vitamines et de minéraux. Et surtout, ils n'ont pas subi de période de stockage trop importante, qui diminue la quantité de vitamines et de minéraux dans les aliments. Manger de saison, c'est un geste bien-être !

" Lorsque la marmite bout, l'amitié fleurit."

Proverbe anglais

TEST

PANIER DE SAISON

Connaissez-vous les saisons des produits cultivés et consommés en France ?

1- Les tomates sont au top en :
A. Mars
B. Juin

2- Les amandes sont extra-fraîches en :
A. Mai
B. Août

3- Les moules, c'est mieux en :
A. Octobre
B. Mars

4- L'asperge blanche est à consommer en :
A. Avril-mai-juin
B. Août-septembre-octobre

5- La figue noire :
A. Août-septembre-octobre
B. Avril-mai-juin

Réponses : 1B – 2B – 3A – 4A – 5A

POURQUOI FAUT-IL AIMER LES PRODUITS BRUTS ?

On entend par « produit brut » un produit qui n'a pas subi de transformation industrielle. Il est au plus proche de son état naturel. Les produits bruts ont très largement été mis en avant à travers les émissions culinaires où les chefs vantaient leurs qualités. Les Japonais sont également très forts pour la consommation des produits bruts : ils aiment manger les poissons crus et lorsqu'ils cuisent les légumes ils préfèrent une cuisson au wok, c'est-à-dire une cuisson très rapide à très haute température, qui effleure les légumes pour les garder croquants et conserver toutes leurs vertus gustatives. Les produits bruts n'ont pas subi de transformations industrielles de type cuisson à très haute température, ajouts de conservateurs ou d'additifs. J'encourage à faire la cuisine avec quelques produits bruts. Apprendre à faire un bon shopping de ces produits, c'est déjà commencer à manger différemment. C'est se poser la question de « qui l'a fait, où et comment et pourquoi je choisis de consommer tel ou tel produit ». C'est aussi faire les courses différemment et ailleurs, choisir de voir directement les producteurs ou l'artisan pour être plus connecté à son alimentation. C'est une façon simple de manger mieux.

LE SARRASIN, VOUS CONNAISSEZ ?

Non le sarrasin n'est pas réservé aux galettes bretonnes ! Le sarrasin revient en force depuis quelques années grâce à la mode du sans-gluten. C'est un aliment que nous devrions tous consommer régulièrement. On l'appelle aussi « blé noir ». Ce n'est pas une céréale, même si cela y ressemble et qu'on le consomme comme tel. Les grains de sarrasin peuvent être consommés entiers, rôtis, concassés, ou encore sous forme de farine de différentes moutures utilisée dans les crêpes, les pains et les nouilles (soba japonaises). Le sarrasin contient de 10 % à 12 % de son poids sec sous forme de protéines. Elles contiennent tous les acides aminés essentiels et possèdent ainsi une haute valeur biologique. Mais surtout, le sarrasin a un index glycémique bas et ne contient pas de gluten, c'est donc une excellente alternative aux pâtes par exemple ou aux féculents du soir. De même dans les gâteaux, lorsque l'on souhaite substituer la farine de blé pour retirer le gluten, il est préférable d'utiliser un mélange farine de maïs et farine de sarrasin afin de diminuer l'index glycémique de la préparation. Enfin, le sarrasin a un effet prébiotique, il assainit la flore intestinale et facilite le transit. C'est un indispensable à avoir dans les placards pour varier simplement les sources de féculents tout en ayant d'excellentes propriétés dans l'assiette !

" La gastronomie est l'art d'utiliser la nourriture pour créer le bonheur."

Theodore Zeldin

LES ALIMENTS QUI RENDENT HEUREUX

Il y a des aliments qui, quand on les mange régulièrement, sont associés à la bonne humeur. Vous pensez que les aliments qui nous rendent heureux sont les glaces et les tartines de beurre ? En fait, les mécanismes scientifiques des aliments qui nous comblent de bonheur ont été étudiés, en particulier ces dernières années. Il y a plusieurs possibilités pour qu'un aliment nous ravisse.

Que signifie le terme « psychobiote » ?

La sérotonine est l'hormone de la bonne humeur. Elle est fabriquée par l'intestin, puis elle monte au cerveau. On a découvert qu'il y a des aliments qui font fabriquer de la sérotonine plus que d'autres. Ils sont appelés « psychobiotes ». Des études très sérieuses ont comparé les habitudes alimentaires d'un groupe de personnes et leurs risques de déprime. Le professeur Michel Lejoyeux a très bien décrit les effets, en particulier, des cornichons comme psychobiotes.

Connaissez-vous le tryptophane ?

Le tryptophane est un acide aminé (un composant des protéines). Il est important car il est le précurseur de la sérotonine, l'hormone de la bonne humeur. Le chocolat, la noix de coco, les noix de cajou, la banane, les œufs, le riz ou la viande sont riches en tryptophane.

Les minéraux

Le magnésium contribue à notre production naturelle de sérotonine. Le magnésium a des effets prouvés sur la diminution du stress. Si les amandes constituent une source de bonnes matières grasses, c'est aussi une excellente source de magnésium. En cas de légère anxiété ou de coup de fatigue, mangez environ dix amandes. Les autres aliments qui apportent du magnésium sont le chocolat noir, les céréales complètes, les pois chiches, les haricots blancs, les cacahuètes, les bananes, les avocats et les eaux minérales riches en magnésium.

Les oméga 3

Les oméga 3, vous les connaissez, on en parle depuis longtemps. Ce sont des acides gras que l'on trouve dans les poissons gras et les oléagineux. Leur mécanisme est simple, ils font mieux fonctionner les neurones, qui se mettent à fabriquer les hormones du bonheur. Ils aident également le système cardiovasculaire et les échanges membranaires.

Les vitamines antidéprime

La vitamine E permet aux connexions entre neurones de mieux fonctionner. Les neurones sont moins stressés et la bonne humeur s'installe. Mangez deux à trois fois par semaine des brocolis, des épinards, des tomates, des noix et noisettes pour la vitamine E. La vitamine D est fabriquée par le corps quand la peau est exposée au soleil. Un déficit en vitamine D contribue à un dysfonctionnement dans la synthèse et l'action de la sérotonine. Les aliments riches en vitamine D sont le saumon et les sardines.

La betterave pour voir la vie en rose

Si votre seul souvenir des betteraves, c'est l'assiette de la cantine, alors il est grand temps de changer d'avis ! La betterave est issue de la même famille que les carottes, le panais et le navet. Comme eux, la betterave est pleine de nutriments très intéressants. D'abord elle est riche en fibres qui ralentissent l'absorption des sucres dans le sang et permettent donc de fournir de façon constante de l'énergie. Mais, surtout, la betterave est très riche en minéraux comme le calcium, le magnésium, le phosphore et en vitamines, en particulier les vitamines du groupe B qui jouent un rôle très important dans le fonctionnement de l'ensemble du système nerveux. La betterave est donc l'indispensable aliment antifatigue et antistress. Une vieille légende la dit très intéressante contre le *baby blues*. C'est un excellent reminéralisant pour les sportifs en phase de récupération. On la consomme aussi pour son magnésium. De plus, une étude britannique a montré que la consommation de jus de betterave augmentait significativement l'endurance des athlètes, de plus de 16 %. La betterave est aussi très riche en flavonoïdes, qui sont des antioxydants. Elle nous protège ainsi des radicaux libres qui sont souvent impliqués dans les maladies cardiovasculaires. Je recommande de consommer la betterave en salade, en smoothie ou en soupe pour voir la vie en rose !

Recette
Velouté de betterave du sportif

Ingrédients pour 4 portions :

3 œufs durs • 3 tranches de pain de mie complet • 3 yaourts natures • 500 g de betteraves cuites • 2 c. à s. d'huile d'olive • Vinaigre balsamique • 1 pointe de couteau de pâte de piment

Écalez et coupez les œufs. Coupez les betteraves et le pain de mie en morceaux. Disposez tous les ingrédients sauf le vinaigre balsamique dans un blender. Mixez pour obtenir un velouté onctueux. Vous pouvez ajuster l'épaisseur du velouté, en fonction de votre goût, en ajoutant un peu d'eau. Versez en verrines et arrosez d'un filet de vinaigre balsamique. Réservez au réfrigérateur et servez glacé.

" La cuisine,
c'est quand les choses
ont le goût
de ce qu'elles sont."

Curnonsky

Ça va, elle est comment ta salade ?
Elle est merveilleuse, croquante et craquante avec un festival de couleurs de printemps !
Aaah d'accord, tu manges en pleine conscience...
Tu kiffes, quoi...

Chapitre 2

LE BIEN-ÊTRE *et le* Bien-bouger

« La santé est un marathon, pas un sprint. »

Anonyme

Nous avons très largement décrit dans l'ouvrage *Vivre mince, mieux, plus longtemps*, coécrit avec le professeur Josette Dall'Ava Santucci, les vertus de l'activité physique. Celle-ci est vraiment devenue une mode et je m'en réjouis. Les bénéfices de l'activité physique sont de plus en plus étudiés, on essaie même aujourd'hui de concevoir une pilule pour reproduire les mécanismes de l'activité physique. Les capteurs (*trackers*) d'activité, qui se limitaient il y a encore peu de temps au podomètre, se multiplient sous toutes les formes. La démarche que nous recommandions à l'époque, « se comparer à soi-même », s'est largement étendue aussi.

Je vous propose donc de revenir sur l'essentiel à retenir sur l'activité physique et sur les nouveautés dans ce domaine.

L'ACTIVITÉ PHYSIQUE EN CHIFFRES

• (Encore) 41 % des Européens ne s'adonnent ni au sport ni à aucune activité physique.

• Nos gènes programmés depuis l'ère du Néolithique pour bouger ne se sont pas modifiés depuis. À cette époque, on marchait entre 20 et 40 km par jour…

• Selon la Fédération française de cardiologie, une heure de marche à un rythme de 6 à 7 km/h, deux à trois fois par semaine, améliore de 12 % les performances de la pompe cardiaque.

• Les bénéfices pour la santé sont optimaux si vous pratiquez de 150 minutes à 300 minutes d'activité physique par semaine, soit entre 2 h 30 et 5 h. Les bénéfices sont majorés au-delà de 300 minutes (5 h).

• Selon l'Institut national de la santé et de la recherche médicale, 71 % des Français pratiquent une activité physique entre 55 et 59 ans, mais ils ne sont plus que 25 % à être actifs après 75 ans.

L'ACTIVITÉ PHYSIQUE DU FUTUR

Quand on pense « pilule du futur », on imagine notre dose quotidienne de nourriture. Et pourtant, la pilule de demain pourrait bien remplacer votre sport quotidien. Des chercheurs des universités de Sydney et de Copenhague ont réussi à établir le « schéma » selon lequel votre corps est modifié quand vous faites de l'exercice. Cette recherche est née d'un constat : l'exercice est une excellente thérapie pour de nombreuses maladies mais, pour beaucoup de gens, un traitement par le sport n'est pas envisageable. Il est donc essentiel de trouver un moyen de créer un médicament qui imite les bénéfices de l'exercice physique. Les chercheurs ont donc étudié les réactions mises en jeu pendant et après un effort physique : plus de 1 000 réactions moléculaires et 562 protéines sont engagées. Les chercheurs vont désormais essayer de reproduire ce schéma de réactions ultracomplexe à base de molécules chimiques.

Pour autant, la pilule qui remplacera le sport n'est pas pour demain. Si ces recherches permettent de mieux comprendre comment fonctionne notre corps, le résultat est incroyablement complexe. Jusque-là, les efforts pour reproduire les bienfaits de l'exercice physique se concentraient sur des molécules bien particulières. Dans le futur, il faudra imaginer un médicament capable de modifier de multiples molécules. Il a fallu trois ans aux chercheurs pour réaliser cette étude et il s'écoulera encore « au moins une décennie » pour qu'une telle pilule soit concevable.

Par ailleurs, le bénéfice du sport n'est pas que physiologique. Le sport permet de partager, d'échanger… En attendant ce nouveau type de traitement, revenons à l'essentiel de l'activité physique et surtout au plaisir de bouger !

TOUS LES BIENFAITS DE L'ACTIVITÉ PHYSIQUE

SE MAINTENIR EN FORME ET PRÉVENIR CERTAINES PATHOLOGIES

Selon une étude publiée en juillet 2012 par des chercheurs américains dans *The Lancet*, un décès sur dix serait causé par l'inactivité physique. Pour la seule année 2008, la sédentarité aurait engendré 5,3 millions de décès, soit autant que le tabac. On estime que 20 % des cancers pourraient être évités par la pratique d'une activité physique. L'exercice physique est également au cœur de la prévention du diabète et participe à régulariser la tension artérielle.

LE PLAISIR

Le plaisir de bouger est un plaisir très spécial, se sentir vivant, transpirer, nous remplit de satisfaction. La production des endorphines lors de l'activité physique nous procure un plaisir sain et durable. La joie d'améliorer ses performances personnelles nous donne de la fierté. Rien ne vaut la compétition... avec soi-même.

POUR DÉVELOPPER ET RENFORCER SA MASSE MUSCULAIRE

Nos muscles sont nos meilleurs amis pour notre silhouette mais aussi pour un bon vieillissement, comme nous le verrons plus loin.

POUR LE PLAISIR DE (SE) PLAIRE

Indépendamment de l'effet sur le poids, bouger, pratiquer une activité physique régulière, même de faible intensité, va redessiner votre corps. Vous allez observer vos muscles qui apparaissent et vous allez vous sentir plus ferme. Très vite, et même à poids égal, vous allez mieux aimer votre corps et vous allez apprendre l'indulgence.

POUR UNE MEILLEURE ESTIME DE SOI

L'activité physique permettra d'améliorer le jugement que vous portez sur vous. L'aide des *trackers* d'activité vous permettra de mesurer vos progrès en vous comparant à vous-même, vous prendrez le dessus sur votre corps.

LE SAVIEZ-VOUS ?

Le sport sur ordonnance ? Un projet fou ? Plus maintenant ! Le médecin est habilité à prescrire de l'activité physique !

« L'activité physique et sportive devrait être remboursée par la sécurité sociale et les mutuelles. » C'est sur cette idée, que nous avions évoquée dans *Vivre mince, mieux, plus longtemps,* que le projet de « sport sur ordonnance » est né, dont l'amendement a été adopté le 30 novembre 2015 dans le cadre de la loi sur La modernisation du système de santé. Il prévoit : « Le médecin traitant peut prescrire une activité physique adaptée à la pathologie, aux capacités physiques et aux risques médicaux du patient. »

APRÈS 50 ANS : PRÉSERVER LA MASSE MUSCULAIRE, C'EST TRÈS IMPORTANT !

LA FONTE MUSCULAIRE, VOUS CONNAISSEZ ?

Tout au long de la vie, les muscles se renouvellent en permanence : chaque jour, des cellules musculaires sont détruites et remplacées par de nouvelles. En vieillissant, notre organisme perd sa capacité de complet renouvellement de ses muscles. Tous les jours, à un certain âge, les cellules détruites sont plus nombreuses que les cellules de remplacement. Cela explique la fonte musculaire liée à l'âge, pouvant conduire à la sarcopénie (ou dystrophie musculaire liée à l'âge). On estime que 25 % des personnes âgées de plus de 70 ans et 40 % des plus de 80 ans seraient atteintes de sarcopénie.

QUELLES SONT LES CONSÉQUENCES DE LA FONTE MUSCULAIRE ?

D'abord, avec la diminution de la masse musculaire, la motricité devient difficile et le risque de chute augmente. D'autres fonctions sont altérées, comme le tonus et les facultés de mastication. Ensuite, on note une diminution des défenses immunitaires, une baisse de la thermorégulation. Enfin, et c'est très important, la fonte musculaire entraîne une diminution du capital osseux. Par défaut de sollicitation, en raison de la réduction globale de la motricité, la baisse du capital osseux s'accélère, menant à un risque augmenté de fracture en cas de choc, même minime. Il est donc essentiel de préserver ses muscles !

Pour prévenir la fonte musculaire, deux éléments sont essentiels : veiller à des apports suffisants en protéines et surtout rester actif, à tout âge ! Les besoins en protéines doivent représenter 12 % de la ration énergétique quotidienne. Mais pour les plus de 55 ans, il est préférable de se référer au poids, soit 1,1 à 1,2 g de protéines/kg de poids corporel par jour (environ 65 g de protéines par jour pour une femme de 58 kg). Ensuite, le meilleur moyen de lutter contre la fonte musculaire est de garder une activité physique régulière et adaptée aux possibilités de chacun. Grâce au bon maintien de la masse musculaire, on peut prolonger l'autonomie des personnes âgées d'une dizaine d'années.

LE SAVIEZ-VOUS ?

Harriette Thompson est devenue dimanche 31 mai 2015, à 92 ans et 65 jours, la femme la plus âgée au monde à disputer un marathon, celui de San Diego. La nonagénaire, qui participait pour la seizième fois à l'épreuve californienne, a mis 7 heures 24 minutes et 36 secondes pour boucler les 42,195 km.

CONTRÔLER LA MASSE MUSCULAIRE

Pour contrôler sa masse musculaire, il suffit de maîtriser le rapport entre la masse maigre et la masse grasse de votre corps. Quand on parle de masse maigre, on parle des os, du sang, des muscles, des organes et de l'eau, tout ce qui est nécessaire au fonctionnement de notre corps. La masse grasse, c'est la graisse du corps. Les impédancemètres, appelés également « moniteurs de perte d'adiposité », évaluent la valeur du pourcentage d'adiposité par la méthode d'impédance bioélectrique. La masse maigre représente des tissus à teneur élevée en eau et qui conduisent donc facilement l'électricité. Alors que la masse grasse a une conductivité électrique bien inférieure. Le moniteur de perte d'adiposité envoie un courant électrique de très faible niveau pour déterminer la quantité de graisse. Je précise que le courant électrique est très faible et n'est pas ressenti par l'utilisateur.

TEST

OBSERVEZ VOTRE POURCENTAGE DE MASSE GRASSE/MAIGRE

Constatez vos progrès musculaires à l'aide de ce test. Munissez-vous d'un impédancemètre. Mesurez votre pourcentage de masse grasse à l'aide de l'appareil et votre poids à l'aide d'une balance classique. Puis 15 jours après un exercice physique régulier sans régime alimentaire particulier, mesurez à nouveau votre masse grasse. Votre challenge est de faire diminuer le rapport masse grasse/masse maigre sans modifier votre poids.

INDICE DE MASSE CORPORELLE ET POURCENTAGE DE MASSE GRASSE RECOMMANDÉS

IMC	Âge	Faible (IMC < 18,5)	Recommandé (IMC)	Élevé (IMC de 25 à 29,5)	Très élevé (IMC > 30)
Femme	20-39	5-20	21-33	34-38	> 38
	40-59	5-22	23-34	35-40	> 40
	60-79	5-23	24-36	37-41	> 41
Homme	20-39	5-7	8-20	21-25	> 24
	40-59	5-10	11-21	22-27	> 27
	60-79	5-12	13-25	26-30	> 30

Référence : En fonction des directives NIH/OMS pour l'indice de masse corporelle basé sur Gallagher et al., American Journal of Clinical Nutrition, *vol. 72, septembre 2000.*

POURQUOI CONTRÔLER LE RAPPORT MASSE GRASSE/MASSE MAIGRE PLUTÔT QUE LE POIDS ?

S'intéresser à vos muscles est plus important que souhaiter maigrir à tout prix. Le fait de vous fixer comme objectif un rapport donné de masse grasse/masse musculaire peut vous sortir de l'influence de la balance. En développant vos muscles, vous préservez votre santé à long terme et affichez une silhouette tonique plutôt que simplement svelte. Pour bon nombre de personnes, l'objectif consiste à être en forme. Afficher une silhouette agréable les encourage à poursuivre leurs efforts physiques.

S'AMUSER EN BOUGEANT

LA DANSE ET SES BIENFAITS

On y pense rarement mais danser régulièrement produit les mêmes effets qu'un sport d'endurance. Quelque 42 % des 65 ans et plus pratiquent régulièrement la marche, 3 % seulement la danse. En dansant, nous musclons notre cœur, augmentons nos capacités respiratoires, améliorons notre circulation sanguine. Nous renforçons également nos muscles, entretenons nos articulations, travaillons notre équilibre, notre souplesse et la coordination de nos gestes. Le tout sans avoir le sentiment de fournir un effort, et même en éprouvant un réel plaisir.

J'aime recommander la danse également pour le cerveau. L'attention, la concentration et la mémoire sont fortement sollicitées pour mémoriser les gestes à reproduire, puis retenir les enchaînements. Rien de tel que l'apprentissage d'une danse pour maintenir son esprit vif !

LES EFFETS DE LA BALADE DIGESTIVE

Des chercheurs et des médecins américains de l'université George Washington ont publié dans *Diabetes Care* en 2013 une étude sur la balade digestive. Elle montre que si, après un repas, on marche de manière plutôt soutenue pendant un quart d'heure, notre glycémie (taux de sucre dans le sang) va baisser plus rapidement.

Les médecins se sont intéressés à dix personnes de plus de 60 ans, sédentaires, avec une glycémie dans les limites de la normale (entre 1,05 et 1,25 g/l), ni fumeurs ni obèses. Isolés pendant 48 heures dans un espace clos, ils ont bénéficié d'abord d'une surveillance de leur glycémie, sans activité particulière pendant 24 heures. Tous avaient la même alimentation. Puis, le jour suivant, ils ont eu le choix entre faire 15 minutes de marche, après chacun des trois principaux repas (petit-déjeuner, déjeuner et dîner), ou pratiquer 45 minutes d'un tel exercice le matin à 10 h 30 ou l'après-midi après 16 h 30. Il s'agissait pour tous de marcher sur un tapis roulant programmé pour qu'ils dépensent trois fois plus d'énergie qu'au repos. Les chercheurs ont pu observer que la marche rapide d'après le dîner est bien plus efficace que celle de 10 h 30 ou de 16 h 30 pour réduire la glycémie. Alors plutôt que de s'effondrer devant l'ordinateur le soir, il faut réhabiliter la promenade digestive nocturne, ne serait-ce que pendant 15 à 20 minutes, mais d'un pas rapide.

« L'endurance est l'une des choses les plus difficiles. Mais ceux qui endurent finissent par gagner. »

Bouddha

LA VITESSE DE MARCHE, INDICATEUR D'ESPÉRANCE DE VIE

Selon une étude publiée dans la revue américaine *JAMA* en 2011 par des chercheurs de l'université de Pittsburgh, la vitesse de marche est un bon indicateur de l'espérance de vie de la personne âgée. Une vitesse de marche d'environ 0,8 m/s correspondrait à l'espérance de vie médiane de la plupart des sujets, pour les hommes et les femmes. Ensuite au-delà de cette vitesse, chaque mètre par seconde supplémentaire de la vitesse de marche est associé à une augmentation de l'espérance de vie.

Les chercheurs expliquent que ce phénomène est dû au fait que la marche nécessite de l'énergie, un contrôle du mouvement et implique de multiples organes et systèmes dont le cœur, les poumons, les systèmes circulatoire, nerveux et musculosquelettique. La vitesse de marche peut être évaluée facilement par des non-médecins avec un chronomètre pour mesurer la durée de la marche sur une distance de 4 à 10 m.

Alors n'hésitez plus, faites le test de votre vitesse de marche ! Et marchez… vite !

? LE SAVIEZ-VOUS ?

Petit à petit, le corps s'adapte à l'effort. Et comme on s'habitue, l'exercice devient de moins en moins difficile et donc de moins en moins efficace. C'est pourquoi il faut modifier de temps en temps sa routine, environ deux fois par an : soit en augmentant son volume, soit en la modifiant.
Chaque année, des nouvelles disciplines arrivent en France. Elles nous viennent souvent des États-Unis ou d'Asie. Il n'est pas nécessaire de tout essayer mais j'aime sélectionner des activités originales qui ont un intérêt nouveau. Je vous propose des activités familiales, des activités spéciales seniors et deux activités mélangeant le corps et l'esprit.

- **Via ferrata** : parcourir une via ferrata est une activité intermédiaire entre la randonnée pédestre et l'escalade. C'est un itinéraire sportif, situé le long d'une paroi rocheuse, équipé avec des éléments spécifiques (câbles, échelles, rampes, etc.), destinés à faciliter la progression et à optimiser la sécurité des personnes qui l'utilisent. Cette activité est excellente pour maintenir un bon équilibre. C'est aussi en famille un bon moyen de faire bouger les adolescents ! C'est une activité à pratiquer avec prudence. Pour les enfants plus jeunes, je recommande l'accrobranche, tout aussi convivial.

• **Silver tonic** : c'est un programme d'activités physiques spécialement conçu pour les seniors qui veulent rester en forme. Ce concept a été imaginé par Véronique de Villèle. Il s'appuie sur des techniques de barres au sol. Il permet de se tonifier en douceur et surtout de se fortifier. Cette technique est particulièrement utile pour redresser le dos, une problématique qui vient souvent avec le vieillissement du corps. C'est un bon programme pour tous mais surtout pour les seniors qui ne veulent pas risquer de se blesser.

• **Qi gong** : le qi gong signifie littéralement « maîtrise de l'énergie ». Grâce à un travail de souffle, cette discipline chinoise millénaire aide à la circulation des flux énergétiques. Elle allie la relaxation mentale, l'assouplissement corporel et le plaisir de bouger harmonieusement. Les mouvements sont lents et non violents, contrôlés et associés à des exercices de respiration et de concentration de l'esprit. Ils permettent de relâcher les tensions qui s'accumulent. Le qi gong vise à réconcilier le corps et l'esprit, à retrouver une vitalité minée par la vie urbaine.

• **Budokon** : du japonais *bu* (« guerrier »), *dô* (« chemin »), *kon* (« esprit »), c'est un mélange entre le yoga, les arts martiaux et la méditation. Cela fait donc appel à la force mentale et demande aussi un effort physique intense. Les séances sont très codifiées. Elles durent 80 minutes : 40 minutes de salutations au soleil et de méditation, le tout à travers diverses postures de yoga. Puis, les 40 minutes suivantes portent sur des exercices d'arts martiaux composés de coups de poing, coups de pied et katas (exercices de judo, karaté…) enchaînés par séries de dix, mais toujours en douceur. Chaque geste requiert beaucoup d'agilité et de concentration. C'est une excellente discipline pour l'équilibre. À la fin de la séance, on s'allonge au sol, on ferme les yeux et on finit par quelques minutes de relaxation.

" Le sport ne fait pas vivre plus vieux, mais fait vivre plus jeune. "

Anonyme

CHALLENGE

30 JOURS DE SQUAT

À faire à la maison tous les jours, le squat est un exercice idéal pour tonifier et raffermir sa silhouette, notamment les fessiers. C'est un exercice simple, facile à reproduire, qui n'est pas chronophage et qui ne nécessite pas de matériel. Le squat est un mouvement de musculation précis qui doit être réalisé correctement pour agir efficacement : les pieds sont écartés par un espace un peu plus large que le bassin, orientés légèrement dans les diagonales. Il faut garder les genoux dans l'axe et contrôler le mouvement. Dans la phase de descente, on inspire et on pousse les fessiers en arrière tout en regardant loin devant soi et en gardant le dos droit. On peut imaginer un tabouret sur lequel on va s'asseoir. La tête doit rester dans le prolongement de la colonne vertébrale. On doit veiller à ce que les talons soient en contact permanent avec le sol.

Fixez-vous un challenge de 30 jours. Le principe est d'augmenter chaque jour le nombre de squats réalisés (comme dans le tableau ci-dessous). Commencez par une série de 30 et progressivement ajoutez-en 10 par jour, jusqu'à arriver à un enchaînement de 250 squats à la fin du mois. Le challenge comporte aussi des jours de récupération tous les 5 jours et des jours à seulement 50 squats pour rendre la chose plus facile.

		Jour 1 **30**	Jour 2 **40**	Jour 3 **50**	Jour 4 **60**	Jour 5 **REPOS**
Jour 6 **70**	Jour 7 **80**	Jour 8 **90**	Jour 9 **100**	Jour 10 **REPOS**	Jour 11 **120**	Jour 12 **130**
Jour 13 **140**	Jour 14 **50**	Jour 15 **REPOS**	Jour 16 **150**	Jour 17 **160**	Jour 18 **170**	Jour 19 **50**
Jour 20 **REPOS**	Jour 21 **180**	Jour 22 **190**	Jour 23 **200**	Jour 24 **50**	Jour 25 **REPOS**	Jour 26 **215**
Jour 27 **230**	Jour 28 **REPOS**	Jour 29 **240**	Jour 30 **250**			

Pourquoi ce challenge ? C'est très important pour l'estime de soi. Avec ce challenge, vous allez vous mettre à l'activité physique simplement et surtout vous allez apprendre à aimer votre corps car vous allez constater des améliorations très rapidement. Il n'y aura pas de résultats sur la balance mais votre corps, vos cuisses, vos fesses vont se dessiner et il est important parfois de détourner l'attention de son poids en pensant à son corps. De plus, ce défi permet de prendre goût au sport et peut vous inciter à pratiquer d'autres activités physiques en parallèle.

MUSCLER SON PÉRINÉE

Le périnée est un muscle qui ne se voit pas et dont certaines personnes n'ont même pas conscience. Le périnée est un muscle qui se cache sous le bas-ventre.

C'est un muscle de maintien puisqu'il est chargé de soutenir les organes qui se trouvent dans le petit bassin, c'est-à-dire les intestins, la vessie, le rectum et l'utérus, chez la femme. Sans lui, tous ces organes descendraient sous l'effet de la gravité et des sollicitations musculaires. Mais son rôle ne s'arrête pas là puisqu'il intervient également durant l'acte sexuel. Il a une action sur le plaisir ressenti.

Pourquoi le muscler ? Un périnée faible risque de ne plus jouer son rôle de maintien des organes. En effet, lors d'une activité sportive, ou pendant la grossesse, le périnée subit une forte pression. Si ce muscle n'est pas assez fort, il peut se relâcher et certains organes peuvent alors descendre trop bas. Ils ne sont plus à leur place. Des sports comme le tennis, le fitness ou la course à pied sont particulièrement néfastes pour le périnée. Il vaut donc mieux avoir un périnée suffisamment fort pour les pratiquer. Par ailleurs, un périnée faible, à cause du vieillissement par exemple, peut ne plus jouer son rôle de contraction. Il perd alors sa faculté à retenir l'urine, voire les fèces. C'est alors un vrai problème d'incontinence qui s'installe.

Enfin, peu de gens le savent, mais ils peuvent augmenter leur plaisir pendant l'acte sexuel grâce à leur périnée. En effet, chez les femmes, la contraction du périnée permet d'augmenter la pression dans le vagin et donc de ressentir plus de sensations. De façon plus passive, un périnée plus musclé contribue déjà à un plus grand plaisir. Chez l'homme, un périnée puissant permet une érection plus rigide. Toujours chez l'homme, un périnée bien maîtrisé donne la possibilité de bloquer la survenue de l'orgasme et donc de faire durer l'acte sexuel plus longtemps.

EN PRATIQUE

POUR UN PÉRINÉE TONIQUE

Attention au stop-pipi ! Il consiste, à chaque miction, à arrêter le jet d'urine, puis à recommencer à uriner. Cela n'est utile qu'une seule fois, pour localiser son périnée (chez les hommes et les femmes) et comprendre quels muscles il faut utiliser pour le serrer. Mais il ne faut pas en faire une habitude car on risque de ne pas vider sa vessie complètement à chaque fois.

Les exercices par images mentales : l'ascenseur
Il est possible aussi d'imaginer le périnée comme un ascenseur. Plus vous montez d'un étage et plus vous allez devoir contracter pendant cette montée, tout en faisant des pauses à chaque étage atteint.
Faites cet exercice allongé ou debout.

1- Contractez le périnée et arrêtez-vous au 1er étage. Patientez 2 ou 3 secondes.
2- Montez un étage supplémentaire. Attendez 2 ou 3 secondes.
3- Faites cela jusqu'au 4e étage.
4- Redescendez les étages, tout doucement.

Les exercices à l'aide d'un accessoire : un ballon ou un livre

1- Allongez-vous sur le dos, pliez les jambes et installez un ballon ou un livre entre vos genoux.
2- Inspirez et soufflez tout doucement en serrant d'abord votre ballon ou votre livre avec les genoux.
3- Puis, sur la même expiration, contractez le périnée.
4- Enfin, contractez les abdominaux en rentrant le ventre. Pour mieux les sentir, vous pouvez poser vos mains sur votre ventre.
5- Restez dans cette position et faites ensuite l'exercice inverse.

Inspirez de nouveau et sur l'expiration, relâchez d'abord vos abdominaux, puis le périnée et enfin le ballon ou le livre.

LE SAVIEZ-VOUS ? LE SPORT POUR LA BEAUTÉ

Une étude canadienne, publiée en 2014 et présentée lors du congrès annuel de médecine du sport, s'est penchée sur la question de la peau chez les pratiquants. La peau des fesses de sportifs de plus de 40 ans a été étudiée. Les résultats montrent que la peau est plus hydratée et de meilleure qualité que celle des sédentaires du même âge. Plus étonnant encore, la peau des 65 ans étudiée après un programme d'entraînement de 3 heures par semaine pendant 3 mois, présentait un aspect interne et externe proche de celle d'une personne de 30 ans. L'explication réside dans le fait que le corps est mieux vascularisé quand on pratique une activité physique régulière, mais pas seulement. L'activité physique épanouit et rend plus heureux.

« La motivation vous sert de départ. L'habitude vous fait continuer. »

Jim Ryun

LA GYMNASTIQUE FACIALE

On y pense rarement mais nous avons une multitude de muscles sur le visage qui modifient notre expression. Certains, plus souvent sollicités par des mimiques répétitives, un froncement des sourcils par exemple, finissent par rester contractés au repos, provoquant les fameuses « rides d'expression » qui viennent creuser le front ou marquer le contour de la bouche. En réactivant peu à peu ces muscles dans le bon sens, il est possible de rééquilibrer leur mobilité et de redessiner son visage. La gymnastique faciale permet de remuscler certaines zones oubliées, comme les paupières inférieures ou le cou.

EN PRATIQUE

GYMNASTIQUE FACIALE

Dos bien droit, respirez calmement. Répétez les exercices cinq fois de suite. Observez le résultat après chacun d'entre eux.

Tonifier l'ensemble du visage : prononcez les voyelles

A avec un grand rire
Ouvrez grand la bouche et prononcez mentalement A. Puis souriez lentement pour ouvrir encore plus grand la bouche, tout en accompagnant le mouvement avec les mains pour éviter les plis des joues.
Refermez très lentement.

E avec un baiser
La tête entre les mains, prononcez le E en avançant les lèvres et en tentant de bien renforcer l'ourlet de la lèvre. Arrêtez-vous avant de creuser les ridules de la lèvre. Les mains tiennent les joues et exercent une résistance.

I avec un sourire
La tête entre les mains et toujours le dos bien droit, observez votre sourire au ralenti (n'ouvrez pas la bouche !).
Avec un miroir, regardez les deux côtés et travaillez lentement sans creuser les triangles de part et d'autre du nez.

O l'air étonné
La tête entre les mains, ouvrez grand la bouche et prononcez O en formant un ovale avec les lèvres et en rapprochant le plus possible les commissures de celles-ci. Avancez le plus possible l'ourlet des lèvres.

U l'air mécontent
Placez la tête légèrement en arrière pour étirer le cou. Montez lentement le menton pour avoir une expression boudeuse et prononcez U.
Les lèvres dessinent un U à l'envers, la lèvre supérieure s'avance sans plisser.

Détendre le regard

• Une main sur la tête, placez les doigts à plat en éventail sur le haut du front.

• Appuyez fort pour éviter la ride du lion (entre les sourcils) pendant l'exercice.

• Lentement, élevez les deux sourcils. Relâchez aussi lentement.

• Ôtez votre main et observez vos sourcils : leur ligne de base est remontée de quelques millimètres, ce qui a pour effet d'adoucir et de détendre le regard.

PENSÉES POSITIVES SUR LE SPORT

*"Le sport, activité noble qui,
à l'instar du rire, de la philatélie,
de la cuisine au bain-marie et du cybersexe,
permet à l'humain de dépasser son animalité."*
Jean Dion

*"Le sport consiste à déléguer au corps
quelques-unes des vertus
les plus fortes de l'âme."*
Jean Giraudoux

*"La vie, ce n'est pas d'attendre que les orages
passent, c'est d'apprendre comment danser
sous la pluie."*
Sénèque

Tu fais quoi, papa ?
Je fais des squats pour être au top.
Mais tu es déjà au top !

Chapitre 3

LE BIEN-ÊTRE *avec soi et* SES PROCHES

> *« Nous sous-estimons trop souvent le pouvoir d'un contact, d'un sourire, d'un mot gentil, d'une oreille attentive, d'un compliment sincère ou d'une attention ; ils ont tous le pouvoir de changer une vie. »*
>
> *Dr Love*

Protéger et renforcer les liens affectifs avec les gens qui nous entourent (famille, couple, amis) est une clé de notre bien-être et constitue un cercle vertueux où le bonheur des uns fait aussi celui des autres. Bien sûr, parfois, le quotidien vous pèse, les enfants vous fatiguent, vous avez l'impression que votre conjoint est ingrat ou, pire, qu'il ne vous voit plus. Eh oui ! La vie de famille est parfois difficile, il faut savoir composer avec les imperfections de chacun et cela prend souvent beaucoup de temps et d'énergie. Mais c'est aussi le plus grand des bonheurs. Lorsque la vie de famille est équilibrée, que les amis nous entourent et que l'on est présent pour les proches, c'est un échange de bien-être et de bonheur permanent.
Alors réapprenons le bonheur de la vie de famille et le bonheur d'être entouré !

L'ENQUÊTE IPSOS POUR LES TROPHÉES DU BIEN-ÊTRE : LA SIMPLICITÉ AU QUOTIDIEN

LE SAVIEZ-VOUS ?

Environ 67 % des Français considèrent que ce sont les petits plaisirs au quotidien qui génèrent le plus de bonheur et de bien-être.

L'enquête Ipsos réalisée en 2015 pour Les Trophées du Bien-être a mis en avant ce chiffre incroyable. Lors de cette enquête, on a cherché à savoir si le plus important pour les Français, ce qui leur procure le plus de bien-être et de bonheur, était : des vacances exceptionnelles et lointaines, des moments d'exception comme les grands restaurants ou les petits plaisirs du quotidien. Les conclusions sont sans appel : **ce dont ils estiment avoir le plus besoin, ce sont d'abord les petits plaisirs au quotidien, tout au long de l'année, à 67 %. Des choses simples, pas forcément onéreuses, mais des choses qui resserrent les liens, qui font plaisir, qui surprennent, qui fédèrent…**

Les « trucs » qui marchent le plus pour gagner en bien-être : la déconnexion, voir ses amis, faire l'amour et se cultiver…

Toujours selon l'enquête Ipsos, le moyen le plus efficace pour se sentir mieux lorsque ça ne va pas, c'est d'abord de déconnecter, quel que soit le moyen utilisé : ce peut être partir se promener, se balader (efficace pour 86 % des sondés) ou bien dormir (76 %) !

Ces gestes sont simples, encore faut-il y penser, oser et prendre le temps de se reposer ou de s'évader. Quelque 76 % des sondés estiment que boire un verre avec des amis les aide à aller mieux et 75 % estiment que recevoir ces mêmes amis à la maison est également bénéfique pour leur moral ! Échanger, discuter et renforcer les liens avec ses amis est donc un geste essentiel pour le bien-être des Français !

Les marques d'amour sont, elles aussi, considérées comme particulièrement efficaces : 75 % des personnes interrogées prétendent que faire l'amour les aide à aller mieux, tout comme trouver un petit mot doux sur la table de la cuisine.

Les activités culturelles (sorties culturelles, lire un livre, écouter de la musique…) ou encore les sorties sportives restent aussi de formidables « boosters » de bien-être.

Autres résultats étonnants de l'étude : les activités comme le shopping, aller chez le coiffeur ou bien faire du yoga **sont bien moins efficaces que ce qu'on pourrait imaginer**…

L'échange et le lien social sont vraiment des points essentiels du bien-être, encore faut-il savoir gérer les relations avec ses proches pour qu'elles soient saines et remplies de bonheur.

ÊTRE ENTOURÉ POUR ÊTRE HEUREUX

La plus longue étude jamais effectuée sur le bonheur est américaine. Une équipe de chercheurs de l'université Harvard a analysé les vies de 724 hommes depuis 1938. Elle s'intéresse à présent à celle de leurs 2 000 enfants. L'étude est dirigée par le psychiatre américain Robert Waldinger, qui est le quatrième directeur de cette immense étude. Pendant 75 ans, les chercheurs ont étudié et collecté des informations sur 724 hommes américains dans le but de répondre à une question aussi vaste que fondamentale : qu'est-ce qui nous rend heureux tout au long de notre vie ?

Les premiers résultats ont été présentés fin 2015 alors que la plupart des candidats de l'étude ont plus de 90 ans et seuls 60 des 724 hommes sont encore vivants. Et les conclusions sont très claires : ce qui rend heureux ces hommes, ce n'est ni l'argent ni le travail, et encore moins la gloire… Non, selon l'étude, pour être heureux dans la vie, il faut être entouré. Les personnes les plus heureuses sont celles qui sont le plus en contact avec « leur famille, leurs amis et la communauté ». D'après l'étude, la santé des personnes les plus isolées déclinerait plus rapidement dès le milieu de leur vie, tout comme leurs capacités cognitives et elles mourraient plus vite.

AVEC VOS PROCHES, COMMENT CHOISIR ET CULTIVER LA BONNE HUMEUR

En psychologie, le terme « humeur » désigne l'état émotionnel permanent d'une personne. L'humeur est à distinguer des émotions temporaires (joie, peur, colère). Notre humeur exprime notre façon d'accueillir les différentes expériences de notre journée et de notre vie.

Nous avons le pouvoir d'être de bonne ou de mauvaise humeur, selon ce que nous sommes disposés à vivre à l'instant où une situation spécifique se présente dans notre vie. Notre humeur a un impact direct sur notre santé, nos relations, nos communications, nos enfants et surtout sur notre capacité à être heureux et satisfait de soi.

LA BONNE HUMEUR EST BÉNÉFIQUE POUR LE BIEN-ÊTRE

La bonne humeur et le rire ont de réels effets sur la santé, surtout quand ils sont partagés avec d'autres. En effet, le rire est contagieux, et augmente le bonheur et l'intimité entre les personnes qui rient ensemble. Être de bonne humeur aide à renforcer les relations, car les sentiments positifs s'activent et la connexion émotionnelle se développe. La bonne humeur est souvent accompagnée de rire, plein de vertus pour la santé.

Le rire en groupe crée un lien positif qui atténue le stress, adoucit les désaccords et la déception. Rire avec ses proches, rire en famille mais aussi rire au travail et rire dans ses relations sociales quotidiennes facilite la vie !

De plus, la bonne humeur et le rire permettent de **renforcer le système immunitaire, de stimuler l'énergie, de diminuer les douleurs et de protéger contre les effets nocifs du stress**. Le rire est un excellent décontractant musculaire.

À retenir
Utiliser la bonne humeur et le rire dans les relations permet de :

1- **Être plus spontané** : être de bonne humeur aide à oublier les préjugés et les limites.

2- **Laisser de côté l'attitude défensive** : le rire aide à ne pas prêter attention aux critiques.

3- Être plus **désinhibé**.

4- **Exprimer** les véritables sentiments et les émotions profondes.

LES VERTUS PRÉVENTIVES DU RIRE

Seulement de 10 à 15 minutes de rire par jour vous procurent des vertus insoupçonnées sur la digestion, le stress, le système immunitaire, le sommeil et l'énergie. En effet, le rire est le décontracturant le plus naturel du monde, il a donc de multiples effets sur la santé :

- **La digestion :** le rire est un moyen naturel de lutter contre la constipation car il provoque une gymnastique abdominale qui favorise une bonne régulation du transit intestinal. L'estomac et les intestins se contractent, ce qui améliore le processus de digestion.

- **Le sommeil :** en supprimant les tensions, le rire nous détend et permet de s'endormir plus facilement. Un bon remède contre l'insomnie !

- **Le stress :** le diaphragme est sollicité et la respiration est régulée lorsque l'on rit. Ainsi les tensions peuvent plus facilement être évacuées. Le rire détend grâce au sentiment de convivialité et d'humour qu'il induit.

- **L'énergie :** en riant, l'organisme libère des endorphines qui ont un effet antidépresseur et anxiolytique. La fatigue, l'anxiété, l'insomnie, les douleurs, les contractures musculaires sont aussi apaisées par les endorphines.

- **Le contrôle du poids :** le rire stimule également la sécrétion de sérotonine, qui régule l'humeur, le sommeil et lutte contre les compulsions alimentaires.

Le simple bénéfice du rire est de passer un moment de détente qui permet de repartir sur des bases plus apaisées, d'être plus confiant et plus sûr de soi.

APPRENDRE À ÊTRE DE BONNE HUMEUR

Pour prendre les choses moins au sérieux et obtenir une version plus légère de la vie, il est nécessaire de :

- Rire de soi-même ;
- Chercher l'humour face à une mauvaise situation ;
- S'entourer de personnes joyeuses et positives ;
- Toujours garder une perspective humoristique sur ce que l'on ne peut pas contrôler ;
- Se concentrer sur les enfants et apprendre de leur capacité à rire de tout ou de leur manière de simplifier les situations gênantes ou stressantes.

LE SAVIEZ-VOUS ? LE RIRE EN CHIFFRES

Un enfant rit en moyenne de 300 à 400 fois par jour. L'adulte ne rirait, lui, que 20 fois par jour. Des études démontrent que les individus laissent de moins en moins de place au rire : 19 minutes en 1939, 6 minutes en 1983 et moins d'une minute aujourd'hui en France. La tendance est la même à l'échelle mondiale.

VOICI QUELQUES « TRUCS » POUR ÊTRE DE BONNE HUMEUR

• Commencer la journée par un sourire.

• Faire le chat le matin : ne vous réveillez pas le plus tard possible pour finir par vous préparer en urgence. Cela vous mettra directement de mauvaise humeur. Prenez le temps de vous réveiller. Accordez-vous au moins 10 minutes avant de mettre le turbo ! Soyez comme le chat qui s'étire après sa sieste. Grâce à de petits étirements, à de petits exercices matinaux, votre corps sera prêt pour sa journée.

• Remercier la vie pour les bonnes choses qui nous arrivent, en se fixant sur les petits détails.

• Se rapprocher de n'importe quelle source de bonne humeur ou de rire, pour se laisser contaminer.

• Essayer de passer du temps avec des gens qui rient, qui jouent, qui s'amusent : les enfants, les animaux de compagnie, les adultes qui profitent de quelque chose qui leur plaît, etc.

• Profiter de toutes les occasions pour faire une blague ou une devinette et rire de l'amusement des autres.

• Le soir avant de se coucher, garder en mémoire trois moments positifs, heureux ou drôles de sa journée.

EN PRATIQUE

BONNE HUMEUR, MODE D'EMPLOI

1- Commencer la journée avec une pensée positive :

Lundi : "Pour ce qui est de l'avenir, il ne s'agit pas de le prévoir, mais de le rendre possible." Antoine de Saint-Exupéry

Mardi : "Ce n'est pas parce que les choses sont difficiles que nous n'osons pas les faire, c'est parce que nous n'osons pas les faire qu'elles sont difficiles." Sénèque

Mercredi : "En vérité le chemin importe peu, la volonté d'arriver suffit à tout." Albert Camus

Jeudi : "Votre vie ne s'améliore pas par hasard, elle s'améliore par le changement." Jim Rohn

Vendredi : "Un enfant peut toujours enseigner trois choses à un adulte : être content sans raison, s'occuper toujours à quelque chose et savoir exiger de toutes ses forces ce qu'il désire." Paulo Coelho

Samedi : "S'il n'y avait pas d'hiver, le printemps ne serait pas si agréable : si nous ne goûtions pas à l'adversité, la réussite ne serait pas tant appréciée." Anne Bradstreet

Dimanche : "Que vos choix reflètent vos espoirs et non vos peurs." Nelson Mandela

2- Apprendre à penser à soi : la théorie du masque à oxygène

Nous connaissons tous les règles de sécurité à bord des avions. Lorsque les masques à oxygène tombent, il faut d'abord mettre le vôtre puis aider les autres. Évidemment, si votre voisin est un sinistre inconnu, cela vous paraît logique. Mais s'il s'agit de votre amoureux, de votre enfant ou de votre meilleure amie : cela paraît tout à coup nettement moins logique. Et pourtant, l'explication est simple : si vous ne pouvez pas respirer, vous serez incapable d'aider qui que ce soit !

Dans la vie de tous les jours, il y a plein de masques à oxygène ! Penser à soi en premier n'est pas un acte égoïste, c'est tout simplement vital. **Si vous ne pensez pas à vous en premier, ne vous attendez pas à ce que les autres le fassent pour vous.**

C'est en s'acceptant et en se respectant que l'on peut faire de même avec les autres ; en revanche, si l'on n'éprouve à l'égard de soi-même ni amour ni respect, alors comment pourrait-on aimer et respecter les autres ? Ou comment peut-on inspirer du respect si l'on ne s'en sent pas digne ?

C'est pareil pour le bonheur et la bonne humeur, c'est communicatif, nous avons des capacités d'imitation et d'inspiration. Nous sourions lorsqu'on nous sourit, nous sommes désagréables avec les gens désagréables. Cela fonctionne aussi bien dans les relations professionnelles, sociales, familiales que dans les relations de couple.

Il est donc indispensable de s'aimer, de se respecter, de respecter son corps et son esprit. Aimez-vous et vous générerez de l'amour autour de vous.

CONNAISSEZ-VOUS LES NEURONES MIROIRS ?

Ces neurones ont été identifiés par le neurophysiologiste italien Giacomo Rizzolatti.

Le savant et son équipe étudient un singe, dont ils ont couvert le crâne de capteurs reliés à un puissant scanner. Vient l'heure de la pause. Les chercheurs, restés dans le laboratoire, découpent une pizza et se servent. Dring ! Le scanner du singe se met à sonner. L'animal semble pourtant impassible sur son siège. Mais il regarde attentivement les humains manger et, chaque fois que l'un d'eux tend la main vers un nouveau morceau de pizza, il fait sonner le scanner. Intrigués, les chercheurs s'approchent de leurs écrans… et c'est ainsi que commence une formidable nouvelle étape de l'exploration scientifique : la découverte des neurones miroirs.

Ces neurones ont une fonction d'imitation et d'empathie. Les neurones miroirs confirment que nous sommes influencés par notre entourage. Si nous sommes entourés de personnes souriantes et bienveillantes, nous activerons nos neurones miroirs de la bonne humeur, et inversement si nous sommes entourés de gens qui font la tête.

Les neurones miroirs fonctionnent également lorsque l'on observe des photos et des vidéos. Lorsque vous êtes seul, fatigué ou déprimé, n'hésitez pas à regarder des photos qui vous mettent de bonne humeur !

EN PRATIQUE

PENSEZ À VOS NEURONES MIROIRS !

- Faites un dossier de photos dans votre Smartphone : **PHOTOS SOURIRE MIROIR.**

- Archivez toutes les photos de moments agréables, rassurants, souriants et lumineux, etc.

- Regardez-les régulièrement : c'est une très bonne façon de stimuler vos neurones miroirs avec une fonction de bonne humeur et de bien-être.

"J'ai décidé d'être heureux parce que c'est bon pour la santé"

Voltaire

L'ESTIME DE SOI

L'estime de soi est un concept psychologique qui renvoie au jugement global positif ou négatif qu'une personne a d'elle-même. L'estime que l'on va avoir de soi dépendra de beaucoup de paramètres : l'environnement, l'éducation, la personnalité, les capacités physiques et intellectuelles, etc. La construction de l'estime de soi prend ses racines dans la plus petite enfance.

Une faible estime de soi pourra entraîner par exemple un mal-être, des difficultés dans les relations avec les autres personnes mais aussi des conduites d'échec : c'est une recherche intentionnelle inconsciente et répétitive de l'échec aussi bien dans la vie professionnelle que sociale.

Les personnalités à basse estime de soi se retrouvent plus souvent en situation d'échec que de réussite. L'échec est en quelque sorte rassurant et évite de remettre en cause ses compétences. La personne choisit systématiquement des objectifs trop difficiles ou impossibles à atteindre.

Je suis particulièrement sensible à l'estime de soi et aux conduites d'échec car en tant qu'entrepreneur dans le domaine du bien-être, j'ai pu observer que la diminution de l'estime de soi est un facteur déterminant dans l'échec des tentatives pour mincir. Les conduites d'échec installent l'effet yoyo et c'est alors un cercle vicieux qui va contre toute démarche de bien-être.

L'effet yoyo des régimes s'observe aussi dans la vie. Parfois, on fait des choix que l'on sait mauvais pour nous parce qu'on sait comment réagir dans l'échec qui correspond, malheureusement, à certaines de nos (mauvaises) habitudes. L'échec entraîne souvent aussi le besoin de trouver un bouc émissaire qu'il faut « charger » et culpabiliser.

Cela ne génère que de la souffrance : la vôtre et celle de votre entourage !

TEST

5 QUESTIONS POUR ÉVALUER VOTRE ESTIME DE SOI

Question 1 :
Quelqu'un vous critique très durement :
1- Cela vous met mal à l'aise, mais ça passe vite.
2- Vous êtes bouleversé(e) et avez du mal à vous en remettre.
3- Vous avez peut-être fait une erreur mais sa réaction n'est pas justifiée.

Question 2 :
Vous vous sentez capable de faire les choses aussi bien que la majorité des gens :
1- Non, pas vraiment.
2- Ça dépend de la situation.
3- Oui, tout à fait d'accord.

Question 3 :

Pour que les gens vous aiment, il faut être beau, amusant, talentueux ou riche :

1- Tout à fait vrai.
2- Je n'ai pas d'avis.
3- Faux.

Question 4 :

Vous êtes fier(e) de ce que vous faites :

1- Pas assez souvent.
2- Oui, de manière générale.
3- Le plus souvent.

Question 5 :

Quelqu'un se montre en profond désaccord avec vous sur un sujet important. Vous pensez :

1- Qu'il ne va plus vous aimer.
2- Que cela risque d'altérer sa façon de vous voir.
3- Que cela n'aura aucune influence sur l'opinion qu'il a de vous.

Résultats :

Additionnez les points correspondants aux choix de réponses.

Plus de 7 points :

Vous avez un bon niveau d'estime de soi.

Vous êtes assez content(e) de ce que vous êtes devenu(e). Vous vous insérez bien socialement, votre confiance en vous vous permet de manière générale de vous faire apprécier des autres. Vous vous assumez bien. Vous vous en sortez toujours bien, vous savez vous adapter.

Bref, vous n'avez rien à craindre des autres et c'est bien comme cela.

Moins de 7 points :

Votre niveau d'estime de soi n'est pas assez élevé.

Vous a-t-on dit étant enfant que vous ne valiez rien ? Car il n'y a rien de plus faux. Comme tout être humain, vous avez d'importantes qualités qui méritent d'être mises en valeur. Apprenez à les découvrir, elles valent bien celles des autres ! Alors, prenez confiance en vous-même !

> *" Le sourire que tu envoies revient vers toi. "*
>
> *Proverbe hindou*

EN PRATIQUE

COMMENT BOOSTER L'ESTIME DE SOI

1- Fuyez les gens qui sont toujours prêts à vous mépriser, leur compagnie est tout à fait inadéquate.

2- À chaque fois que vous avez une réussite, acceptez-la de bon gré et accordez-vous la reconnaissance que vous méritez ; il est important que vous sachiez reconnaître tout ce dont vous êtes capable !

3- Cherchez les émotions motivantes et agréables, la fierté et la satisfaction :
Faites l'inventaire de vos réussites, de ce dont vous êtes vraiment fier, de la période de votre vie dont vous êtes le plus satisfait.

....

....

....

La curiosité : faites l'inventaire des choses que vous souhaitez voir, vivre, découvrir dans un avenir plus ou moins proche. Cela peut être une pièce de théâtre, un film, un ouvrage, un voyage… Listez-les et essayez de les organiser.

....

....

....

4- Ne vous comparez jamais aux autres et ne vous sentez inférieur(e) à personne car vous méritez estime et considération pour ce que vous êtes.

5- Soyez conscient(e) aussi bien de vos points forts que de vos limites et n'hésitez pas à demander de l'aide si vous en avez besoin. Une personne sûre d'elle connaît ses limites et admet volontiers qu'elle ne peut pas y arriver seule.

6- On ne peut pas donner plus que ce que l'on a. Alors pensez à vous. Réservez-vous du temps pour vous ressourcer et vous détendre. Cela se ressentira et vous serez mieux à même ensuite de vous consacrer aux autres.

GÉRER LES ÉTERNELS INSATISFAITS

L'éternel insatisfait est une personne qui manque d'assurance. Elle se donne des objectifs qu'elle sait inaccessibles, ce qui renforce chaque jour un peu plus son manque de confiance. Comme elle se fixe des objectifs impossibles à atteindre, elle n'arrive pas à apprécier ce qu'elle a déjà dans son quotidien.

L'insatisfait chronique pense aussi que les autres lui attribuent des qualités qu'il ne possède pas. Il est constamment dans la peur de les décevoir.

EXERCICE

SI VOUS ÊTES UN ÉTERNEL INSATISFAIT

Listez les raisons d'être content, régulièrement :

1 : ....

2 : ....

3 : ....

4 : ....

EXERCICE

SI VOUS ÊTES UN ÉTERNEL RÂLEUR : APPRENEZ À PENSER POSITIF

Vous dites souvent des choses comme : « Quelle horreur, j'ai du rangement pour deux heures, c'est sans fin. »
Pensez plutôt : « J'ai deux heures devant moi pour m'occuper de ma maison, l'organiser, la bichonner ! »

Listez ce que vous n'aimez pas dans votre semaine :
=> **Sortez le positif de cette situation.**

1- ....

=> ....

2- ....

=> ....

GÉRER LES ÉNERGIVORES

Nous avons tous dans notre entourage des personnes qui se nourrissent de notre énergie. Ces personnalités toxiques fonctionnement comme des chargeurs de batterie : ils butinent littéralement la bonne humeur des gens. Une fois qu'ils sont rechargés, ils passent à une autre personne et vous, vous êtes totalement déchargé sans savoir pourquoi. En fait, ces personnalités puisent la joie de vivre et l'énergie des autres car elles sont incapables de les éprouver elles-mêmes. Ce sont des spécialistes chroniques de ce type de fonctionnement, ce qui signifie qu'une fois votre relation installée, c'est sans fin. Si vous connaissez des personnalités de ce type qui se nourrissent à votre contact, posez-vous une seule question : « Cette personne me veut-elle vraiment du bien ? » Si vous avez des doutes, alors fuyez-la, n'entretenez pas la relation, prétextez des rendez-vous plutôt que de la voir, n'entrez pas dans les conversations, ne livrez rien de vous !

DIRE LES CHOSES !

Lorsque je donne mes astuces pour être de bonne humeur, pour rire, pour être positif et pour diminuer les aptitudes prononcées de certains à être des râleurs chroniques, je ne conseille **SURTOUT** pas d'intérioriser les énergies négatives !

En effet, les personnes qui verbalisent leur mécontentement lorsqu'elles ne sont pas satisfaites auraient une espérance de vie plus longue. C'est une étude allemande de 2012, de l'université de Jena, publiée dans la revue *Journal Health Psychologies*, qui le dit. Les chercheurs ont étudié le cas de plus de 6 000 sujets, en surveillant plusieurs paramètres de l'organisme, y compris leur humeur. Ils ont pu observer une élévation du rythme cardiaque, chez les patients qui contiennent le plus leurs émotions négatives. Avec le temps, ce phénomène pourrait favoriser les problèmes d'hypertension ou développer des maladies cardiovasculaires. Certains sujets se sont même révélés être plus à risques parce qu'ils intériorisaient plus que les autres. Les scientifiques les appellent les **« répresseurs »**.

Ne devenez surtout pas « répresseur » : apprenez à vous exprimer, même si c'est du négatif ! Surtout si c'est du négatif !

PROTÉGER LES MOMENTS EN FAMILLE, SOYEZ FOUS !

La vie de famille nécessiterait un ouvrage entier, voire une collection entière mais je me contenterai d'un conseil simple qui est très important pour moi : favoriser les temps de partage en famille. Ce sont des rituels incontournables, où l'on fait une pause, où l'on s'aménage une sorte de sas de décompression.

Un temps de partage en famille est un moment où toute la famille est réunie pour partager une activité ou discuter. C'est une opportunité régulière et planifiée où on se concentre ensemble sur le bonheur de vivre réunis. Les temps de partage permettent de s'apprécier, de se remercier, de s'aider, de résoudre éventuellement des problèmes, de se faire plaisir ensemble.

LE MONOPOLY, LE JARDINAGE, LE KARAOKÉ, UNE SAGA PRÉFÉRÉE, UN APRÈS-MIDI GLACE, UNE SOIRÉE PIZZA ?

Trouvez une activité fédératrice. Rien ne vous vient à l'esprit ? Cherchez bien, cherchez plutôt du côté des enfants et de leurs passe-temps. Vous allez trouver un loisir que vos enfants aiment et sur lequel vous allez vous greffer pour ajouter de la magie et du plaisir.

Les enfants ont une faculté naturelle à se réjouir de presque tout, ils ont une joie de vivre que nous n'avons plus. À leur contact, on peut régénérer cette joie de vivre. En grandissant, ils ont tendance à la perdre ou bien à moins l'exprimer. Les temps de partage en famille, centrés sur une activité qui leur plaira, nous aideront à maintenir et à entretenir cette joie de vivre communicative !

" Les enfants sont heureux parce qu'ils n'envisagent pas que les choses pourraient mal tourner."

Marianne Williamson

EXERCICE

QUELLES ACTIVITÉS ?

Listez les activités simples et reproductibles que vous réclament vos enfants :

1 : ....

2 : ....

3 : ....

4 : ....

Hiérarchisez celles qui vous amusent :

1 : ....

2 : ....

3 : ....

4 : ....

Parlez-en en famille et insistez sur le caractère hebdomadaire. Planifiez :

....

....

....

....

....

Et profitez !

PRENDRE SOIN DE NOS ANCIENS

J'aime prendre l'exemple des anciens de l'île d'Okinawa. Okinawa est une île de l'archipel des Ryukyu, au Japon, qui s'étend sur 100 km de long pour 4 à 30 km de large. C'est un microcosme d'exception avec 54 centenaires, dont 85 % de femmes, pour 100 000 habitants. En France, on en compte environ 26 pour 100 000 habitants. À Okinawa, on note une absence de surpoids et de diabète. Il y a seulement 3 % de personnes grabataires chez ces centenaires. Les tests de capacité intellectuelle chez les plus de 90 ans sont quasiment parfaits chez 80 % des hommes et 60 % des femmes. Okinawa a gardé les traditions alimentaires et culturelles qui lui permettent de présenter le record de longévité, en bonne santé. Chez ces centenaires, on constate des marqueurs biologiques de lutte contre le stress oxydatif élevés.

Leurs secrets ? L'alimentation et l'art de vivre. De façon naturelle, les Okinawaïens pratiquent l'activité physique. Elle est naturelle parce que intégrée dans leur vie de tous les jours. Ils marchent, font du vélo pour se déplacer, jardinent, travaillent, et ce, quel que soit leur âge. Ils adorent les jeux de plein air, comme le croquet, ils pratiquent le tai-chi-chuan. C'est aussi sur cette île qu'a été inventé le karaté.

Le tissu social est très développé. Tout le monde se connaît, se dit bonjour ou s'entraide. Non seulement les habitants d'Okinawa s'impliquent dans la vie de leur village, mais ils appartiennent aussi à des sortes de clubs de quartier qui se réunissent chaque semaine et où tous montrent leur solidarité, ce qui leur permet d'être moins stressés. Ils gardent ainsi une activité cérébrale en s'intéressant à de nombreux sujets et en cultivant des passions qui stimulent l'attention, la concentration, la réflexion et la mémoire. Cela leur permet de conserver un rôle social. **Les personnes âgées sont considérées comme des modèles et l'amour est une valeur omniprésente. Probablement, le secret du bonheur.**

Prenons exemple sur Okinawa et protégeons nos seniors, mais faisons-le bien avant la perte de l'autonomie. Faisons-le quand ils ont tout à enseigner et à apporter !

> *"Apprends des erreurs des autres. Tu ne peux vivre assez longtemps pour toutes les faire toi-même."*
>
> *Eleanor Roosevelt*

Vous faites quoi ce week-end ?
On s'organise une chasse aux trésors en pleine nature avec les grands-parents des enfants et après un pique-nique ! Ça nous fait bouger, réfléchir et passer un bon moment tous ensemble !
Vous êtes vraiment des sortes de super-héros de la famille !
COLE

Chapitre 4

LE BIEN-ÊTRE *dans son environnement*

> « *Les hommes font les maisons, mais les femmes font les foyers.* »
>
> *Proverbe anglais*

Saviez-vous que les endroits où nous vivons agissent sur nos pensées, nos sentiments et nos comportements ? Eh oui ! On peut avoir la plus jolie et la plus grande des maisons et être passé à côté de l'essentiel, ce qui fait que finalement on n'est pas si bien que ça chez soi… Les citadins occidentaux passent 90 % de leur temps à l'intérieur d'un bâtiment. L'importance de la qualité d'un habitat dans le bien-être de ses utilisateurs est une notion de plus en plus étudiée.

Dans les années 1950, le biologiste et médecin américain Jonas Salk cherchait un traitement contre la poliomyélite dans le sombre laboratoire d'un sous-sol de Pittsburgh. Les progrès étaient lents et laborieux. Pour s'aérer l'esprit, Jonas Salk fit un voyage en Italie, où il visita la basilique Saint-François-d'Assise, datant du XIIIe siècle, et se promena entre les colonnes et dans les jardins des cloîtres.

Là, de nouvelles idées surgirent dans son esprit, dont celle qui finit par le conduire à un vaccin efficace contre la poliomyélite. Le chercheur devint alors convaincu que l'environnement d'un bâtiment pouvait influer sur l'esprit. Dans les années 1960, il s'associa à l'architecte Louis Kahn (1901-1974) pour construire l'Institut Salk à La Jolla, près de San Diego, en Californie. Cet établissement de recherche fut conçu en prenant en compte la créativité et le bien-être des scientifiques.

Les recherches sur la thématique du bien-être dans l'habitat suggèrent qu'il est possible de concevoir des espaces de vie qui favorisent la créativité, l'attention et la vigilance, la relaxation et la convivialité. Concrètement, des projets architecturaux se basent désormais sur les conclusions de ces études. Par exemple, des résidences pour personnes atteintes de la maladie d'Alzheimer sont conçues pour améliorer la prise en charge des patients. On intègre dans ces espaces des informations de navigation, on ajoute des éléments qui rappellent des souvenirs confortables, comme des cheminées ou des vues sur jardin… Dans le domaine scolaire, des établissements tels que l'école Kingsdale à Londres sont restructurés, avec l'aide de psychologues, pour susciter la cohésion sociale entre les élèves, leur éveil et leur créativité. L'aménagement des magasins en créant des ambiances spécifiques est aussi une application pratique de ces recherches.

CE QUE DISENT LES ÉTUDES

COMMENT L'HABITAT INFLUE SUR NOTRE SANTÉ, NOTRE BIEN-ÊTRE, NOS ACTIVITÉS ET NOS SENSATIONS ?

La vue

La vue dont les occupants d'un bâtiment jouissent influe sur la concentration. On pense souvent que regarder par la fenêtre est un signe de rêverie, mais au contraire admirer la nature optimise la concentration. En 2000, une équipe de chercheurs de l'université Cornell, à New York, a publié une étude démontrant que des enfants ayant joué dans un environnement verdoyant avant un test de concentration sont plus concentrés que ceux ayant joué en milieu urbain. Une autre enquête a montré que les étudiants ayant une vue sur la nature depuis leur chambre universitaire obtenaient des scores de concentration plus élevés que ceux qui ont une vue sur des bâtiments.

La lumière

Les travaux sur la lumière sont très nombreux. Certains travaux récents suggèrent qu'elle influence la relaxation et l'ouverture aux autres. Dans une étude réalisée en 2006 sur 80 étudiants, il a été démontré que les étudiants qui passaient un entretien dans un bureau à éclairage tamisé étaient plus décontractés et parlaient plus d'eux-mêmes que ceux interrogés dans un bureau à éclairage fort. Ce résultat confirme qu'une lumière tamisée est source de relaxation.

LE SAVIEZ-VOUS ?

L'architecte argentine Aldana Ferrer Garcia a imaginé More Sky, une extension de fenêtre qui augmente la luminosité de votre appartement et qui vous offre une véritable ouverture sur le ciel. Elle transforme n'importe quelle fenêtre en minivéranda. Comme une chaise longue encastrable et repliable, qui vous permet de contempler le grand bleu azuré de la voûte céleste. Ce projet a été élaboré au sein du Pratt Institute, à Brooklyn, et exposé à la Dubai Design Week fin 2015. Il n'existe pour l'instant qu'à l'état de prototype.

Les couleurs

La perception des couleurs est personnelle. Un environnement apaisant pour une personne peut s'avérer stressant pour une autre. Il est donc difficile de tirer des généralités sur l'effet de certaines longueurs d'ondes sur le bien-être. Cependant, quelques effets des couleurs sont bien connus et sont utilisés dans l'architecture. On peut citer par exemple les monochromes de bleu pour les pièces apaisantes, les beige et gris pour la sérénité et la sécurité. Le rouge qui invite à l'excitation, est à déconseiller dans les chambres !

La hauteur des plafonds

Des études réalisées en 2007 par Joan Meyers-Levy ont démontré que la hauteur des plafonds joue sur notre façon de penser. Les grands volumes encouragent à penser librement, à être créatif, à avoir une pensée abstraite. En revanche, une impression de confinement inspire à s'occuper des détails. Dans un bloc opératoire, un plafond bas est préférable car le chirurgien doit se concentrer sur les détails. Inversement, les hauts plafonds sont utilisés pour les ateliers d'artistes.

ÊTES-VOUS BIEN CHEZ VOUS ?

Une maison c'est aussi un lieu à part qui doit agir comme un rempart, un cocon pour chacun de ses habitants. Notre maison doit générer de la sécurité et de l'apaisement. C'est essentiel. Pour se regrouper, se protéger et se distinguer des autres, toutes les espèces animales ont besoin d'un territoire qu'elles imprègnent de leur odeur et de leurs habitudes.

Une étude publiée en mai 2014 dans *Social Science & Medicine* et menée par le Dr Sarah Damaske, sociologue à la Pennsylvania State University, aux États-Unis, conclut que nous sommes plus stressés à la maison qu'au travail. Les chercheurs ont réuni un groupe de 122 personnes, et ont évalué leur stress pendant quelques jours passés au travail, coupés par un week-end. Le taux de cortisol (hormone indicatrice de stress) des participants a été dosé six fois par jour à heures régulières pour relever les niveaux de stress physiologique et a été associé au ressenti des cobayes, mesure plus subjective. Les taux de cortisol ont montré que les travailleurs étaient finalement davantage stressés lorsqu'ils étaient chez eux que sur leur lieu de travail. Les chercheurs expliquent ce résultat par plusieurs facteurs : d'abord le fait qu'au travail le sentiment de maîtriser une action, une tâche parfois répétitive, nous permet de faire diminuer le stress. À la maison, on perd souvent ce sentiment de maîtrise. Au travail, on a aussi la satisfaction du travail accompli alors que chez soi on peut avoir l'impression qu'une tâche en chasse une autre, sans en profiter. Pourtant, se recharger émotionnellement chez soi est essentiel pour le bien-être. La maison ne doit pas être une source de stress. Pour cela, il faut créer une organisation pour profiter de son espace de vie et non pas le subir. Vivre dans une maison ordonnée influe de manière positive sur tous les autres aspects de votre quotidien. Voici quelques grands principes très efficaces pour ordonner votre habitation.

UNE ENTRÉE DÉSENCOMBRÉE

L'entrée, c'est la première pièce que l'on voit et la dernière, quand on quitte la maison. Il faut l'utiliser comme un sas de transition. C'est aussi la pièce qui donne le ton de la maison. C'est souvent là que s'entasse tout ce qui n'a pas trouvé sa place ailleurs, parapluies, clés et courriers, sacs-poubelle… L'entrée est une pièce essentielle qu'il faut soigner pour se sentir heureux de rentrer chez soi. Elle doit être désencombrée et contenir quelques objets de transition que nous sommes heureux de voir et de revoir, comme une bougie ou des photos.

UNE PIÈCE À VIVRE APAISÉE

Les espaces trop chargés donnent une impression de trop-plein et fatiguent la vue comme le moral. Bien ranger les pièces à vivre, c'est la promesse de se sentir mieux dans sa vie, plus apaisé chez soi. C'est aussi plus simple et plus facile de recevoir dans un espace où les coins ne sont pas encombrés. Pour cela, il est essentiel de trier régulièrement et de jeter ! Pour trier intelligemment la pièce à vivre, on classe en quatre parties : d'abord on trie les magazines, puis les livres, puis les papiers et les objets divers, et on termine par les choses dotées d'une valeur sentimentale. Pour chaque chose que vous triez, posez-vous la question suivante : « Cet objet ou ce livre me donne-t-il de la joie ou du bonheur quand je le vois ou je le tiens ? » Dans votre pièce à vivre, il se dégagera beaucoup de sérénité si vous tenez vraiment à ce qui vous entoure.

UNE CUISINE CHALEUREUSE ET SOURIANTE

La cuisine est souvent l'un des endroits qu'on préfère à la maison. On discute en couple, les enfants révisent avec nous, on prend un verre avec les copains… Pour être bien dans la cuisine, l'essentiel n'est pas de l'équiper encore et encore d'appareils toujours plus gros et plus chers ! Pensez à la façon dont vous cuisinez et ensuite pensez à des endroits chaleureux ! C'est la clé d'une cuisine réussie. Pensez aux petits coins où les enfants peuvent vous dire des secrets, où vous pouvez vous embrasser à l'abri des regards.

LE SAVIEZ-VOUS ?

En 2011, le *Wall Street Journal* a publié le portrait d'un architecte d'intérieur américain, Johnny Grey, spécialisé dans les *Happy kitchens*. Cet architecte a la particularité de travailler l'aménagement de la cuisine à partir des résultats d'études de neurosciences sur le bien-être. Il a conçu des cuisines pour Sting ou Steve Jobs. Un des grands principes de Johnny Grey consiste à découvrir ce qu'il appelle le « point de bien-être », ou *sweet spot* : votre point de vue préféré tout en préparant un plat. À partir de là, il construit une cuisine heureuse.

DES CHAMBRES DÉCONNECTÉES

La tentation est grande de transformer notre chambre en bureau-dortoir. Le Smartphone qu'on recharge sur la table de chevet, l'ordinateur portable qui reste ouvert sur la commode… mais les écrans ont trop d'ondes associées et de points rouges qui clignotent pour nous laisser dormir sereinement. Donc, il faut éloigner tous ces appareils de la chambre. Attention aussi à ne rien brancher (comme un radio-réveil) à proximité immédiate de votre tête quand vous dormez.

SOIGNEZ VOTRE SOMMEIL

Maintenez la température de la chambre à 19 °C. Pensez aussi à secouer souvent couettes et oreillers, afin de chasser les poussières et acariens. Retirez le superflu, comme les coussins en trop, les peluches des enfants, ils sont vecteurs de poussières. Enfin, surveillez le degré d'humidité de la pièce, si vous avez des maux de tête de temps en temps au réveil ou si vous avez la gorge sèche quand vous vous couchez, c'est peut-être que l'air est trop sec.

UNE SALLE DE BAINS ACCUEILLANTE

La salle de bains est un lieu de détente par excellence où l'on prend soin de soi. C'est aussi une pièce où une mauvaise gestion de l'humidité peut nous retirer toute impression de bien-être. Choisissez le carrelage le plus grand possible pour éviter au maximum les joints, positionnez les toilettes et les lavabos suspendus et ayez le maximum de surface coulissante, ouverte et lisse pour faciliter le séchage et limiter l'humidité résiduelle. Comme pour la pièce à vivre, la salle de bains doit être désencombrée, il est essentiel de vous séparer des vieux produits cosmétiques. Les vieux tubes de crème ne servent à rien, ils prennent la poussière. Faites le tri ! Soignez particulièrement l'aération de cette pièce !

UNE FONCTION, UNE PLACE

On se sent beaucoup mieux dans une maison non pas ordonnée mais organisée, on gagne du temps de logistique, on y est plus détendu et c'est beaucoup plus facile à entretenir. Pour cela, il est nécessaire de décider de l'emplacement de chacune de vos affaires.

Quand vous vous en êtes servi, rangez-les à leur place. C'est la condition *sine qua non* du rangement efficace et de l'organisation. Cela implique que chaque chose ait une place, que chaque endroit ait sa fonction.

SOIGNEZ L'ÉCLAIRAGE

Dans une maison, il faut donc organiser l'éclairage en fonction des besoins de l'organisme : la cuisine, la salle de séjour, le bureau seront très clairs ; la chambre, la salle de bains et le salon bénéficieront plutôt d'une lumière tamisée. À l'intérieur de chaque pièce, placez les lumières principales là où la lumière naturelle diffuse et placez ensuite les sources secondaires à différentes hauteurs de vue. Cela donnera un éclairage naturel et convivial.

FAITES DES CHECK-LISTS DE MÉNAGE

Ne percevez plus le ménage comme le ménage, c'est-à-dire comme une corvée (il faudrait d'ailleurs inventer un autre mot pour le ménage !). Le ménage, c'est un jeu qui consiste à bien entretenir sa maison pour que chacun s'y sente bien. Pour le rendre plus efficace, faites des check-lists, comme dans les grands hôtels, des choses à faire. Classez de façon quotidienne, hebdomadaire et mensuelle. Ce classement vous est propre. Certaines familles font tourner trois machines par jour, d'autres deux par semaine. Cela dépend de vos préférences et de vos priorités. Partagez et vérifiez vos listes avec les enfants. Pensez aussi aux zones oubliées qui abîment votre maison :

- Les plinthes ;
- Les portes de placard de la cuisine ;
- Les chaussures de l'entrée ;
- Les interrupteurs.

FAITES ENTRER L'ART À LA MAISON

Plus tard dans cet ouvrage, vous découvrirez comment l'art et la culture nous maintiennent en forme. Sachez qu'il n'est pas utile d'avoir un original de Matisse chez soi pour profiter des bienfaits de l'art. L'important est de pouvoir identifier ce qui « vous parle », ce qui génère une énergie positive chez vous et de le placer dans la pièce de vie ou dans l'entrée. Cette œuvre sera là pour agir comme un générateur d'énergies positives.

LE CONFORT ACOUSTIQUE DE LA MAISON

Le confort acoustique d'un logement est une préoccupation essentielle pour le bien-vivre. On pense immédiatement à l'isolement par rapport aux bruits extérieurs mais les bruits venant de l'intérieur, des pièces voisines, des différents étages sont tout aussi importants pour notre confort. Il ne s'agit pas d'empêcher tous les bruits, mais de les filtrer. Dans les bruits intérieurs, pensez à faire en sorte de filtrer les bruits de chocs, comme les pas sur le parquet, en ajoutant des tapis dans la maison. Pensez également à diminuer les bruits d'équipements : tous les appareils ménagers ont un impact sonore, les interrupteurs ou la plomberie également. Pris séparément, on s'en soucie peu mais, au quotidien, ces bruits peuvent nous fatiguer, nous empêcher de nous relaxer.

FAITES ENTRER L'ESPACE DE TRAVAIL À LA MAISON

De plus en plus, l'espace de travail va entrer dans la maison. L'émergence de l'économie de partage et du télétravail va nous encourager à travailler de la maison. Pour autant, cette nouvelle façon de travailler ne doit pas perturber la vie familiale. Pour que tout se passe bien, je recommande donc de penser un espace de travail séparé de la vie familiale, comme une bulle à part où il est agréable de travailler, une petite pièce qui deviendra un standard dans l'habitat de demain.

TRANSFORMEZ VOTRE BALCON EN JARDIN URBAIN POUR BARBECUE RÉUSSI

Si vous vivez en ville et qu'à chaque début de printemps vous vous dites « J'aimerais tellement faire mon premier barbecue de l'année », alors je suis heureux de vous apprendre que, oui, le barbecue en ville est possible. Grâce aux barbecues compacts à gaz ou électriques munis d'un couvercle, on peut facilement en positionner un sur un balcon d'appartement. Profitez de votre balcon pour installer aussi des plantes aromatiques type basilic et romarin à utiliser à chaque fois que vous réalisez un barbecue pour ajouter des antioxydants à vos préparations. Votre balcon va se transformer en jardin-cuisine d'été. Vous venez de gagner une pièce dans votre maison !

UNE CAVE À VIN À LA MAISON

Savez-vous que 69 % des Français ont une cave à vin à domicile ? Si vous rêvez d'une cave à vin mais que votre cave est pleine, sachez que vous pouvez aménager très simplement un espace cave à vin dans la cuisine grâce à un réfrigérateur compact. Il en existe désormais de toutes les tailles et à tous les prix. De quoi échanger avec vos amis pendant des heures sur la constitution d'une cave parfaite et le rangement de la cave ! En plus du vin, le sujet de la cave à vin apportera encore plus de convivialité à vos dîners.

LE FENG SHUI

Les termes *feng* et *shui* signifient « vent » et « eau ». Cette discipline a 6 000 ans. Les Chinois considéraient le feng shui comme une philosophie de vie leur permettant de vivre en harmonie avec la nature. Tous les architectes des grands monuments chinois, comme la Cité interdite, à Pékin, ou la Grande Muraille de Chine, se sont inspirés des principes du feng shui pour donner à leurs constructions une harmonie nécessaire à leur intégration dans la nature. Pour appliquer la philosophie feng shui, on doit prendre en compte deux composantes essentielles : les notions de complémentarité du yin et du yang ainsi que les cinq éléments (eau, terre, feu, métal, bois), souvent exprimés par le biais des matériaux, des formes et des couleurs. Notons par ailleurs que toute l'idéologie feng shui s'articule autour du Chi, qui est l'énergie ou la somme des mouvements énergétiques régissant l'Univers.

Mes conseils pour la qualité de l'air intérieur

On parle souvent de pollution extérieure mais, contrairement à ce que l'on croit, l'air que nous respirons chez nous n'est pas toujours de bonne qualité ! La liste des polluants est longue : tabac, moisissures, revêtement de sol, peinture, bougies… Pour prendre soin de votre air intérieur, voici quelques astuces simples et efficaces :

Aérez votre maison 10 minutes par jour tous les jours ! Créez un courant d'air tous les jours. Si la crainte de perdre trop de chaleur durant l'hiver vous effraie, faites-le au moment opportun, lorsque vous êtes dans la salle de bains par exemple !

Attention aux produits ménagers que vous utilisez ! Évitez de mélanger les produits entre eux car cela peut créer des émanations nocives. Respectez le dosage préconisé des produits que vous utilisez. Apprenez à utiliser peu de produits. Contrairement à ce que l'on essaie de nous vendre, chaque surface ne nécessite pas toujours un produit différent. Faites le tri et faites simple, c'est mieux pour la qualité de l'air !

Dépolluez votre intérieur avec des plantes. En plus du caractère déstressant des plantes décoratives, les plantes sont des agents efficaces pour dépolluer nos maisons. Pour une meilleure efficacité, misez sur une combinaison de plantes car une seule plante n'élimine pas tous les types de polluants. Il faut donc avoir plusieurs variétés chez soi.

Certains meubles et matériaux libèrent des substances chimiques dans votre intérieur. Pour limiter cela au maximum et garantir un air sain, vérifiez l'étiquette COV lors de vos achats. Elle signale le niveau des émissions en composés organiques volatils. Et aérez bien votre intérieur dans les jours suivant l'installation des nouveaux meubles.

> *"Ce ne sont pas les pierres qui bâtissent la maison, mais les hôtes."*
> *Proverbe indien*

PENSÉES POSITIVES SUR LA MAISON

“Une maison n'est pas un chez-soi
à moins qu'il n'y ait de la nourriture
et du feu pour l'esprit aussi bien que pour le corps.”
Margaret Fuller

“Un rire sincère est un rayon de soleil
dans une maison.”
William Thackeray

“L'ornement d'une maison, ce sont les amis
qui la fréquentent.”
Ralph Waldo Emerson

“Quand il y a de la place dans le cœur,
il y en a dans la maison.”
Proverbe danois

Être bien chez soi, c'est aussi être bien dans son environnement. En 2050, selon les projections, 70 % de la population française vivra en ville, soit 60 millions de nos concitoyens ! Les villes sont en pleine révolution, elles sont connectées, intelligentes et collaboratives. Elles deviennent des *smart cities*.

Notre challenge est de concevoir des villes partagées qui permettent à chacun d'y avoir sa place et de s'y sentir bien. À l'intérieur des villes, il y a une multitude de challenges : maintien du capital santé et de l'autonomie physique des plus fragiles mais aussi qualité de l'air, mise à disposition d'activités physiques et sportives, jardinage et culture à l'intérieur des villes mais aussi bien évidemment un challenge énergétique et architectural. L'enjeu sera de limiter l'étalement urbain et d'accroître la qualité de vie. Apprenons à redécouvrir nos villes sous un nouvel angle, celui du bien-être.

LA VILLE DE DEMAIN EN CHIFFRES

• Les villes occupent aujourd'hui à peine 2 % de la surface du globe, elles abritent 50 % de la population mondiale, consomment 75 % de l'énergie produite et sont à l'origine de 80 % des émissions de CO_2.

• En 2050, 6,4 milliards d'habitants résideront en milieu urbain, contre 3,3 milliards aujourd'hui, soit 70 % de la population qui vivra en ville en 2050.

• Selon un rapport de l'Agence de l'environnement et de la maîtrise de l'énergie (Ademe), l'éclairage public représente 18 % de la consommation d'énergie des collectivités et 23 % de leur facture énergétique.

• En 2008, un Français en province passait près de 66 minutes à se déplacer dans une journée contre 75 minutes pour un Parisien en voiture et en transport.

• Chaque seconde, 77 personnes prennent un transport en commun en France.

• À Copenhague, 1/3 de la population pédale entre la maison et le bureau. Il y a 350 km de pistes cyclables surélevées distinctes de la route et sécurisées.

• 8 °C : c'est la différence de température entre le centre de Paris et certaines zones rurales proches de Paris pendant l'été. Et cette tendance devrait être de plus en plus la norme en 2050.

• 800 000 : c'est le nombre d'arbres plantés à New York entre 2007 et 2015.

LA VÉGÉTALISATION DE NOS VILLES

C'est l'une des tendances les plus étonnantes de la transformation actuelle de nos villes : nous assistons à la réintroduction de l'agriculture au sein des espaces urbains. On l'appelle l'« agriculture urbaine ». Jardins partagés, potagers sur les toits, fermes verticales et mobiles… Le concept a été imaginé en 1999 par Dickson Despommiers, professeur d'écologie à l'université Columbia de New York. L'agriculture urbaine concrétise le rêve d'autonomie alimentaire des citadins. Actuellement 80 % des surfaces arables du globe sont déjà en exploitation et 15 % de ces sols sont en état d'épuisement. Penser l'autonomie alimentaire des villes dans la ville est donc une très bonne idée ! Les urbains des grandes villes plébiscitaient déjà les circuits courts en préférant les produits locaux : on assiste depuis quelques années à la multiplication des marchés de producteurs, des ventes à la ferme, des paniers d'Amap (Associations pour le maintien d'une agriculture paysanne)…

Des projets de fermes urbaines (verticales ou mobiles) émergent aux États-Unis, au Canada, au Japon ou en Chine : des fermes verticales plantées à l'intérieur même des villes, avec la possibilité d'une filière intégrée avec une étape de production alimentaire à chaque étage des bâtiments des fermes, qui pourraient répondre aux problèmes de l'occupation des sols.

QUELQUES PROJETS PIONNIERS

• En France, à Romainville, l'agence d'architectes SOA est avant-gardiste en la matière en lançant dès 2005 le concept de « tour vivante » mêlant agriculture, logements et bureaux. Aujourd'hui, l'agence SOA entend concrétiser d'ici à 2018 son projet de serres greffées sur les toits de la cité d'habitation Marcel-Cachin. Plus de 1 000 m^2 seront consacrés à la production, qui se fera en bacs de culture – et non en cultures hors-sol, à l'instar de la majorité des fermes verticales, pointées du doigt pour leur usage d'engrais chimiques et leur consommation excessive d'énergie. Il s'agit de développer des serres en bacs de terre au plus près de l'agriculture traditionnelle, bio et maraîchère ; l'initiative est donc d'autant plus intéressante.

- À Tokyo, la ferme de la société Pasona O2 s'étend sur deux étages d'un immeuble de bureaux en plein centre-ville. Le bâtiment dispose d'une rizière et d'un champ de brocolis dans le hall, des fèves germent sous les bancs en bois, et des grappes de tomates pendent au-dessus des tables de réunion. Des lampes LED fournissent la chaleur nécessaire aux plantes, dont la production finit dans les assiettes de la cafétéria.

- Aux États-Unis, à Chicago, la compagnie Green Sense Farms se positionne comme « la plus grande ferme verticale en intérieur du pays ». Dans un entrepôt de presque 3 000 m^2, elle est organisée en rangées de 9 m où l'on cultive de la salade, de la verdure, des bettes, du chou et d'autres légumes en utilisant très peu de terre, d'eau et d'engrais par rapport aux fermes traditionnelles.

LE SAVIEZ-VOUS ?

San Francisco offre, depuis le 8 septembre 2014, des avantages fiscaux aux propriétaires qui transforment des terrains inutilisés en potagers à condition que le bénéficiaire s'engage à produire de la nourriture pendant au moins cinq ans.

Toutefois, les fermes verticales et sur les toits ne sont pas les initiatives les plus insolites pour remplacer les terres agricoles habituelles. Les fermes flottantes pourraient constituer une autre option, comme le montre la serre de la Science Barge (« péniche de la science ») de New York. Amarrée dans le fleuve Hudson, la péniche fonctionne à l'énergie renouvelable et abrite des cultures de tomates, melons, poivrons et laitues. La culture sous l'eau ou dans l'eau est aussi envisagée.

Entre les fermes intérieures, verticales, sur les toits, sur et même sous l'eau, ce ne sont pas les idées qui manquent. En installant leurs cultures plus près des villes, les agriculteurs de demain pourront réduire les coûts de transport, augmenter le rendement et surtout produire des fruits et légumes de haute qualité et sans pesticide au plus près des besoins de leurs consommateurs.

La végétalisation est « multifonctionnelle » : elle a aussi une incidence sur le bien-être urbain, sur les systèmes écologiques, sur la production alimentaire. Les arbres sont une source d'ombre et d'air frais. Les murs et les toitures couverts de verdure isolent aussi les bâtiments contre le froid et la chaleur, ce qui aide à réaliser des économies d'énergie et réduit ainsi l'empreinte écologique des villes.

L'ÉCLAIRAGE DES VILLES : UNE RÉVOLUTION

Alors que l'éclairage public représente 8 % de la consommation d'électricité dans le monde, c'est un sujet très important pour les villes de demain. Il faudra concevoir des éclairages qui consomment peu, qui apportent une belle lumière. Des étudiants britanniques de l'université de Cambridge ont trouvé le moyen d'introduire de l'ADN de luciole dans les arbres pour qu'ils éclairent la nuit. Le projet date de 2010, les futurs ingénieurs en génétique sont parvenus à introduire un gène issu de la luciole, capable de reproduire de la lumière, dans le génome d'une cellule. Avec ce procédé appliqué aux végétaux, les arbres éclaireront de façon naturelle. Selon les membres de cette équipe de recherche, un arbre ne consommerait ainsi que 0,02 % de l'énergie qu'il absorbe *via* la photosynthèse pour éclairer une rue. On pourrait donc envisager d'illuminer les villes grâce aux arbres.

Ce projet a inspiré d'autres scientifiques, comme l'Américain Kyle Taylor, qui a développé un projet appelé « Glowing Plant » en 2013, à San Francisco, exactement selon le même procédé. S'il parvient à recueillir assez de fonds pour avancer dans sa recherche, on pourrait bientôt voir des palmiers éclairer les Champs-Élysées !

LE TRANSPORT DANS NOS VILLES

Le transport urbain est un des problèmes les plus visibles dans les grandes métropoles mondiales. Les enjeux liés à la mobilité urbaine sont multiples : il y a tout d'abord ceux liés à la pollution, l'impact sur l'environnement mais aussi les nuisances sonores et visuelles engendrées par le trafic. La mobilité est souvent associée à la liberté. Environ 98 %

des déplacements sont réalisés pour une mobilité quotidienne et locale (domicile-travail, domicile-achats). Les transports en ville doivent donc répondre à plusieurs questions sur les usages à venir : faut-il plus de transports ou moins de transports ?

Les villes intelligentes et la voiture connectée vont bouleverser le transport de demain. La voiture connectée nécessitera des villes et des routes intelligentes, capables de communiquer numériquement aux voitures des éléments d'information et de guidage. Les différents modes de transport individuels (voiture, motocyclette, bicyclette, marche) ou collectifs (autocar, métro, taxi, monorail...) seront intégrés en un seul système efficace, facilement accessible, abordable, sûr et écologique. Helsinki a d'ailleurs créé le système MaaS ou la « Mobilité *as a Service* ». Il s'agit d'une initiative du ministère des Transports finlandais. Le concept de base est celui d'un modèle de distribution de la mobilité dans lequel tous les besoins en transport d'un usager sont résolus au moyen d'une seule interface : l'écran d'un téléphone portable. Imaginez que des services comme Uber soient couplés dans un seul abonnement avec le métro, les Vélib', les Autolib', les voitures partagées... le tout géré par les collectivités. De même pour les emplacements de stationnement qui seraient mis à disposition et réservables grâce à un seul service ! L'objectif est d'éliminer le besoin de posséder une voiture dès 2020 grâce à la mise en place d'un système de transport durable et centré sur l'usager.

Certaines villes hollandaises ont aussi bien compris cette nécessité de proposer des solutions globales qui répondent à différentes problématiques à la fois. Les habitants de la ville de Krommenie, au nord d'Amsterdam, ont déjà l'habitude de se déplacer à vélo. Ils peuvent désormais le faire sur des pistes dont le sol intègre des panneaux solaires qui lui permettent de générer de l'électricité, l'idée étant d'en équiper près de 20 % des 140 000 km de routes hollandaises.

LE TRANSPORT EN 3D

On se souvient tous des images du film *Le Cinquième Élément*, de Luc Besson, sorti en 1997. L'histoire se passait en 2263. La police, les voitures, tous les transports étaient alors volants. Mes projections ne vont pas jusqu'en 2263, mais à court terme, le transport en commun s'envisagera aussi en 3D grâce au transport par câble. Le leader mondial du téléphérique est français, c'est le groupe Poma. Le transport par câble n'est pas une idée nouvelle. Au début du XXe siècle, la France comptait une centaine de funiculaires, dont la plupart étaient implantés en milieu urbain. Le transport par câble est une solution écoresponsable. L'appareil a une faible empreinte écologique et une pollution très limitée. Autre atout, les projets peuvent être développés en quelques mois, ce qui confère un gain de temps considérable et une nuisance liée aux travaux limitée pour les riverains. C'est aussi un moyen de recréer du lien social. Le téléphérique de Rio, au Brésil, a permis à la population des quartiers enclavés d'accéder au centre de la ville. Le cas de la ville de Medellín, en Colombie, est aussi un bon exemple avec des télécabines qui offrent aux habitants des quartiers populaires la possibilité de se déplacer dans la ville (avant cela, il fallait compter deux heures de marche sans autre moyen de transport).

Ce mode de transport permet de voir la ville « d'en haut » et de faire un « voyage plaisir ». Il y a une certaine poésie dans le fait de survoler la ville. Et puis, il y a aussi l'effet « cocooning » : on est dans une bulle avec un sentiment de sécurité, le temps d'une pause dans et au-dessus de la ville.

L'ÉNERGIE

Concernant l'énergie de demain, j'aime citer les théories de Jeremy Rifkin, homme clé de la prospective mondiale et auteur du livre intitulé *La Troisième Révolution industrielle*. Dans cet ouvrage, il analyse l'étouffement de nos économies sous la dépendance des énergies fossiles et propose des solutions pour une croissance durable tout au long du XXIe siècle.

Pour lui, les révolutions industrielles sont liées à l'émergence et à la convergence au même moment de trois types d'innovations : de nouvelles technologies de la communication, de nouvelles sources d'énergie et de nouveaux modes de transport. D'après lui, nous sommes à la fin de la deuxième révolution. Selon Jeremy Rifkin : « Notre civilisation industrielle est à un tournant. Le pétrole et les autres énergies fossiles touchent à leur fin, tandis que les technologies issues de ces énergies ou alimentées par ces dernières sont devenues obsolètes. Toute l'infrastructure industrielle fondée sur ces énergies fossiles est dans un état d'obsolescence avancée. » La principale innovation technologique dans le secteur de la communication est bien évidemment Internet, dans celui de l'énergie, c'est ce qu'il appelle l'« Internet de l'énergie » et dans celui des transports, des modes de transport automatisés, comme la voiture autonome qui se conduit sans chauffeur.

Jeremy Rifkin identifie cinq piliers qui doivent être mis en œuvre simultanément pour sortir de la dépendance des énergies fossiles :

- le développement des énergies renouvelables à grande échelle (champs éoliens, centrales photovoltaïques, énergies marines…) ;

- la généralisation des énergies renouvelables à l'échelle de chaque bâtiment transformé en minicentrale électrique ;

- le déploiement des technologies de stockage, par le biais de l'hydrogène ou d'autres moyens, dans chaque bâtiment et dans toute l'infrastructure, pour emmagasiner et réguler la production de ces énergies intermittentes ;

- l'utilisation de la technologie de l'Internet pour transformer le réseau électrique en système intelligent de distribution décentralisée de l'énergie ;

- la transformation de la flotte de transport en véhicules électriques rechargeables ou à piles à combustible, pouvant acheter ou vendre de l'électricité sur un réseau électrique intelligent.

Lorsque les cinq piliers entrent en synergie et sont couplés à des progrès significatifs en termes d'efficacité énergétique, ils forment une nouvelle plateforme technologique indivisible qui permet d'augmenter considérablement la productivité des entreprises et des industries, de créer de nouvelles opportunités commerciales, de développer la création d'emplois, et d'atteindre des objectifs de développement durable ambitieux.

De façon concrète et un peu simplifiée, Jeremy Rifkin estime ainsi que d'ici à quelques années il y aura des capteurs partout, dans les villes, les usines, les entrepôts, les magasins de détail, les maisons ou sur les routes. Il donne le chiffre de 100 000 milliards de capteurs dans le monde à l'horizon 2030. Ces capteurs vont envoyer des données qui seront collectées et analysées dans un seul réseau mondial. C'est ce qui correspond aux mégadonnées ou au Big Data. Ces informations permettront d'améliorer la productivité à chacune des étapes de la chaîne grâce à de puissants algorithmes. Chacun pourra produire de l'énergie renouvelable (énergie éolienne, géothermique ou solaire). Nos immeubles seront de minicentrales. Une fois que le coût des installations sera amorti, le coût de l'énergie deviendra modique. Cette énergie pourra être stockée et échangée à travers des plateformes spécifiques.

CONSOMMER EN VILLE

Consommer est devenu en grande partie virtuel. Mais l'aménagement des espaces commerciaux réels (rues, boutiques, centres) reste et restera un enjeu central pour les habitants de la ville de demain. Les lieux où l'on consomme sont des lieux de vie : magasins, cinémas, restaurants et cafés, librairies, salles de sport, etc. Il est important qu'ils soient accessibles à toutes les populations, notamment aux personnes à mobilité réduite. Il est également essentiel qu'ils soient conçus comme des espaces déstinés à la consommation, mais aussi au vivre-ensemble, au partage et à la rencontre. Ces lieux doivent aussi être pensés en fonction des grandes mutations de la consommation de demain.

Les MUPs, les « micro-usines personnalisées », connaissent un développement exponentiel, à mesure que leur coût diminue, que leur vitesse d'exécution augmente (plastique, verre, métaux, béton, etc.), suivant la logique du *Do it yourself*. Pour imprimer un objet à domicile, il suffit d'utiliser un logiciel de CAO (conception assistée par ordinateur), de concevoir ou de télécharger un prototype que l'on fera tourner en 3D sur l'écran de son ordinateur. Compte tenu du prix actuel des imprimantes 3D, on va sans doute voir proliférer dans les villes des *copy services*, comme ceux qui existent aujourd'hui pour imprimer ses photos dans son quartier. Les immeubles de demain seront certainement équipés d'un FabLab, où l'on pourra faire imprimer les objets du quotidien.

Les courses se feront aussi différemment. Prenons les courses alimentaires. À l'avenir, les équipements de la cuisine seront connectés. Lorsqu'un produit sera terminé, la commande se fera automatiquement et la livraison aussi. L'acte de se rendre au supermarché pour acheter des œufs, par exemple, sera exceptionnel. Les besoins du quotidien viendront à nous. La logistique liée aux besoins sera un métier à part entière. Cette démarche a déjà débuté avec l'émergence des *drives*. Elle doit s'accompagner d'une adaptation des surfaces et des magasins. Si les magasins ne sont plus des fournisseurs de produits, ils doivent devenir des fournisseurs de services et d'expériences pour maintenir l'envie et surtout le besoin de se promener, de vivre ensemble, de partager à travers l'acte du shopping. À l'avenir, on ne se rendra plus dans un magasin pour « voir » un produit, on se rendra dans un nouvel espace consacré à une expérience ou un thème. On se déplacera pour « vivre » le produit à travers une mise en scène qui nous fera nous sentir, le temps de la visite, dans un univers nouveau. Le marketing du produit et des marques deviendra certainement le travail des metteurs en scène de demain… La consommation se déplacera aussi directement dans les foyers, où les produits seront mis en scène chez l'utilisateur grâce à la vente directe.

LA QUALITÉ DE L'AIR DANS LES VILLES

Selon une étude publiée en mai 2016, environ 80 % des gens vivant dans des zones urbaines sont exposés à des niveaux de qualité de l'air ne respectant pas les limites fixées par l'Organisation mondiale de la santé. Si toutes les régions du monde sont touchées, les habitants des villes aux revenus faibles sont ceux qui en subissent le plus les conséquences.

D'après cette étude, 98 % des villes de plus de 100 000 habitants dans les pays aux revenus faibles ou modestes ne respectent pas les lignes directrices de l'OMS relatives à la qualité de l'air. Dans les pays aux revenus élevés, ce pourcentage tombe à 56 %. La plupart des sources de pollution de l'air en milieu urbain ne proviennent pas des particuliers. Il est indispensable de limiter les émissions des cheminées industrielles, d'accroître l'utilisation des sources d'énergie renouvelable, de privilégier les transports en commun et les réseaux de pistes cyclables. D'autres dispositifs peuvent être intégrés aux villes pour créer des espaces « dépollués ». L'artiste néerlandais Daan Roosegaarde a construit ce qu'il appelle le « plus grand purificateur d'air dans le monde ». La Smog Free Tower est un ioniseur d'air géant. La structure de 7 x 3,5 m aspire l'air sale et le purifie avant de l'expulser dans l'environnement. Ce processus permet de créer une bulle localisée jusqu'à 75 % plus propre que le reste de la ville dans laquelle elle se trouve. Cette tour est en développement depuis trois ans et le premier déploiement s'est déroulé à Rotterdam en septembre 2015.

Les capteurs connectés en forme de plantes qui mesurent le taux de pollution existent déjà. C'est l'objet connecté Ganymède, fabriqué par quatre étudiants en école d'ingénieurs et présenté au festival du numérique Futur en Seine, en juin 2015. La plante, en réalité un objet urbain au design vert, contient des capteurs qui calculent les taux d'humidité, de CO_2, de monoxyde de carbone et de particules fines dans l'air. L'objectif est de multiplier le nombre de capteurs pour savoir à quels endroits l'air est pollué et choisir le meilleur parcours pour faire un footing ou juste se déplacer.

DES CONSTRUCTIONS TOURNÉES VERS LES SENIORS

Un des grands défis de nos villes est de protéger nos seniors de la perte d'autonomie. Alors qu'en 2016, près d'un Français sur trois a plus de 60 ans, il est important de se pencher sur la question de l'accessibilité de l'espace public et de son attractivité pour les populations âgées. Grâce à l'articulation entre les villes intelligentes et la santé, de plus en plus de seniors vont pouvoir être suivis à distance, chez eux, par des procédés numériques.

En août 2014, la ville d'Eindhoven (Pays-Bas) a créé un parcours de santé ludique adapté aux seniors, mettant à profit son mobilier urbain. Le projet Kwiek propose en effet de détourner le mobilier urbain en opportunités sportives. Il s'agit de simples plaques à fixer au sol avec un pictogramme explicatif du mouvement à faire. Devant un banc, un poteau, une simple bordure... tout promeneur peut s'arrêter devant le pictogramme et suivre l'exercice, seul, entre amis ou en famille. À l'origine des dalles Kwiek, une idée simple : pour un investissement minime et en se servant des infrastructures préexistantes, une collectivité peut encourager les seniors à sortir de chez eux pour créer du lien et exercer une activité physique.

DES VILLES CONNECTÉES

L'essor des réseaux de communication permet l'émergence des villes connectées. Le déploiement de la fibre, notamment, permet de transporter plus de données, plus vite, et tout autant pour envoyer des informations que pour en collecter. Nice est la ville française la mieux notée comme ville connectée. Elle arrive en quatrième position au niveau mondial, selon un classement de Juniper Research, juste après Barcelone, New York et Londres, mais avant Singapour ! Toutes ont intégré certains aspects de la ville connectée pour régler des problématiques de stationnement ou d'optimisation énergétique.

La ville de Nice et Cisco, le géant informatique américain, ont revendiqué en 2013, en première mondiale, le « boulevard connecté ». Le long du boulevard Victor-Hugo, grande artère du centre-ville parallèle à la promenade des Anglais, 200 capteurs nichés dans les lampadaires, la chaussée et les bennes à ordures transmettent des données en temps réel. Premier exemple des services rendus sur ce boulevard numérisé : les automobilistes peuvent consulter en temps réel, sur leur Smartphone, les places de stationnement disponibles et même payer à distance.

À l'avenir la ville sera truffée de capteurs qui récolteront et redistribueront des données. Parmi les types de données échangées, nous aurons le remplissage des poubelles, les places de stationnement, l'état du trafic, les transports collectifs, les lampadaires WiFi, les horaires de cinéma, les promotions des commerçants… La ville de demain est en marche !

" La ville devrait être un espace vivant et varié, non figé, qui peut se transformer en couteau suisse. "

Florian Rivière

TEST

SAVEZ-VOUS PROFITER DE LA VILLE ?

Répondez et additionnez les temps de vos réponses.

La dernière fois que vous avez pris un verre ou un café à une terrasse en ville ?

- Moins de 3 semaines
- 2-3 mois
- Plus de 6 mois

La dernière fois que vous avez pris en photo une œuvre de *street art* ?

- Moins de 3 semaines
- 2-3 mois
- Plus de 6 mois

La dernière fois que vous avez fait du vélo en ville ?

- Moins de 3 semaines
- 2-3 mois
- Plus de 6 mois

La dernière fois que vous avez testé un tout nouveau restaurant en ville ?

- Moins de 3 semaines
- 2-3 mois
- Plus de 6 mois

La dernière fois que vous avez levé la tête en vous disant : « Que cet immeuble est beau, je ne l'avais pas regardé depuis un siècle » ?

- Moins de 3 semaines
- 2-3 mois
- Plus de 6 mois

La dernière fois que vous êtes allé au marché ?

- Moins de 3 semaines
- 2-3 mois
- Plus de 6 mois

La dernière fois que vous avez planté des aromates à vos fenêtres ?

- Moins de 3 semaines
- 2-3 mois
- Plus de 6 mois

La dernière fois que vous avez vu une pièce de théâtre ou une exposition ?

- Moins de 3 semaines
- 2-3 mois
- Plus de 6 mois

Additionnez les temps obtenus :

Si vous obtenez plus de 1 an, c'est que vous ne profitez pas des atouts de la vie urbaine ! Il est grand temps de refaire connaissance avec votre ville. Vivre en ville a des bons et des mauvais côtés, mais si on vit en ville en ayant les occupations de la vie à la campagne, cela ne peut pas fonctionner ! Chaque ville a ses atouts. Faites connaissance avec votre ville, comme si c'était un membre de votre famille ! Et profitez du meilleur. Pour le reste, faites des pauses de temps en temps.

4 NOUVEAUX MÉTIERS DE LA VILLE DE DEMAIN QUI VONT SE DÉVELOPPER DE PLUS EN PLUS

FERMIER VERTICAL, AGRICULTEUR DE VILLE

Les fermiers verticaux permettront de relocaliser la production et la consommation des produits de la terre. En plus de posséder le savoir de terrain d'un agriculteur « classique », les fermiers verticaux devront maîtriser les outils numériques en étant aussi un peu scientifiques. Il faudra, par exemple, être capable d'analyser la qualité de l'air, de régler les équipements de ventilation ou de coordonner les robots chargés des tâches les plus physiques. Ils seront aussi un peu paysagistes pour intégrer au mieux leur production dans la ville.

GÉOMATICIEN

Le géomaticien est le maître du Big Data dans l'espace urbain. Exploiter le Big Data, c'est avant tout avoir la capacité d'extraire de l'information à partir de données non structurées. Il est capable d'exploiter au mieux des images satellites, des textes, des statistiques et des données numériques pour établir des cartes intelligentes et des analyses spatiales qui peuvent aider les municipalités à prendre des décisions stratégiques. Il utilise les avancées scientifiques de pointe pour aider à gérer les opérations type Vélib' et les places de parking disponibles.

DRONATISTE

Les dronatistes utiliseront des drones pour faire des reportages. Les drones constituent, eux aussi, une évolution technologique majeure. Dans le développement des villes, ils permettent de visualiser des complexes en construction, de commercialiser de l'immobilier grâce à des images aériennes, etc. Des drones-guides ont déjà été développés par le MIT (Massachusetts Institute of Technology), et ils pourraient être utilisés dans les lieux d'exposition ou de commerce.

FABRIQUANTEUR

La multiplication des acteurs sur le marché de l'impression 3D, la baisse du prix des imprimantes, le développement des FabLabs sont autant d'éléments qui permettent de penser que nous irons régulièrement dans des lieux qui proposent de l'impression 3D. Le « fabriquanteur » sera le spécialiste des réglages de la machine en fonction de ce que nous souhaitons faire. Le fabriquanteur concevra les plans d'impression, assurera le fonctionnement de cette chaîne de production. Comme on imprimera aussi des aliments et des organes, on ne pourra plus se passer de bioimprimeurs ni de corcepteurs, capables de prendre nos mesures biologiques et de concevoir nos foie et os de rechange.

Mes conseils pour mieux profiter de la vie en ville

Végétaliser : votre jardin, votre terrasse, votre balcon, votre intérieur. Suivez le mouvement de la végétalisation urbaine. Cela vous permet d'être plus connecté au temps réel, d'améliorer la qualité de l'air et de manger local. Cela vous rendra fier !

Prendre part au changement : les villes sont en pleine mutation. Il est toujours préférable de sentir que les mutations passent par nous plutôt que derrière nous. Ne subissez pas la mutation des villes, nous allons gagner tellement d'avantages ! Prenez part au changement, testez en avant-première les nouveautés, comparez, imaginez l'hyperconnexion des rues, les FabLabs dans votre quartier, les fermes verticales, les jardins partagés, les modifications énergétiques…

> *" La ville est le seul être vivant capable de rajeunir vraiment."*
>
> *Jacques Attali*

Mais pourquoi
le baron Haussmann
n'a pas pensé à mettre
des fermes urbaines à la place
des chambres de bonne ?

Chapitre 5

LE BIEN-ÊTRE *au travail*

> *"Construisez vos propres rêves, ou quelqu'un d'autre va vous embaucher pour construire le sien."*
>
> *Farrah Gris*

Les entreprises qui inscriront la santé psychologique de leurs employés au cœur de leurs plans d'affaires seront les plus performantes, prédisent les experts. Pour cela, l'idée n'est pas de diminuer le stress avant tout mais bien de faire en sorte que le salarié se sente au travail comme chez lui, qu'il soit bien, positif, créatif et heureux. Partant de ce postulat, il apprendra à mieux réagir au stress quotidien. En matière d'entreprises heureuses et de bonheur au travail, on parle très souvent des modèles de la Silicon Valley, où les salariés n'ont pas de hiérarchie. On dit de ces entreprises qu'elles sont « libérées » car elles révolutionnent les espaces de travail et les techniques de partage de l'information. Un autre modèle très populaire aujourd'hui, est celui de l'« économie collaborative » ou économie de partage. La façon de travailler demain sera profondément modifiée par l'influence de ces nouveaux modèles. Mais avant de libérer toutes les entreprises, il va se passer un peu de temps ! On ne modifie pas le modèle structurel d'une société en quelques mois. En revanche, de ces nouveaux modèles d'entreprise, on peut tirer un tas d'enseignements positifs à appliquer, pour remettre le bonheur au centre du travail. L'entreprise de demain se doit de donner à chacun les moyens de créer son propre bonheur au travail, grâce à une stratégie usant des principes de liberté et de responsabilité.

LE BONHEUR AU TRAVAIL EN CHIFFRES

- On passe 97 464 heures au travail dans une vie, dont 5 jours par an à attendre devant notre ordinateur qui rame… !

- 28 % de notre temps de travail quotidien est consacré à la lecture et à l'écriture de nos e-mails !

- 38 % des salariés se disent « souvent » heureux au travail, 52 % « de temps en temps » et 8 % « jamais ».

- Un salarié heureux est un salarié 2 fois moins malade, 6 fois moins absent, 9 fois plus loyal, 31 % plus productif.

- Le stress touche 4 salariés sur 10. Il est en nette augmentation dans les catégories supérieures (47 %) et pour les cadres supérieurs (57 %).

- Le stress serait à l'origine de 50 à 60 % de l'ensemble des journées de travail perdues.

• 39 % des salariés souffrent en France de douleurs dorsales dues au stress.

• Aux États-Unis, 1 personne sur 3 est indépendante. En France, c'est 1 personne sur 10, pourcentage encore faible mais pourtant en augmentation de 26 % entre 2006 et 2011.

CE QUE DISENT LES ÉTUDES

L'institut de sondage Ipsos et Les Trophées du Bien-être se sont associés en 2015 dans la mise en place d'une enquête de référence permettant de dresser un panorama global des rapports complexes qu'entretiennent aujourd'hui les Français avec leur bien-être, et en particulier le bien-être au travail. L'objectif était de comprendre où les Français en étaient exactement et de déterminer leur état d'esprit général. L'étude a mis en avant des résultats très intéressants sur le bien-être au travail.

Plus de 50 % des actifs souffrent de problèmes graves qui, pour beaucoup, affectent leur performance professionnelle.

Une majorité d'entre eux avoue souvent ressentir des émotions pénibles ou négatives (57 %) telles que l'irritabilité, l'angoisse ou le stress, des moments d'intense fatigue (56 %) ou encore des troubles musculo-squelettiques ou des problèmes de dos (54 %). Près de 1 actif sur 2 rencontre désormais fréquemment

des troubles du sommeil (46 %) et 1/3 souffrent de troubles alimentaires (32 %).
Au total, presque 1 actif sur 3 rencontre souvent la quasi-totalité de ces problèmes de santé (32 % disent souffrir d'au moins 4 de ces maux).

Pour 2 salariés sur 3 (65 %), rien n'est aujourd'hui mis en place par leur employeur pour améliorer leur niveau de bien-être, 1 salarié sur 3 (29 %) en est même tout à fait sûr.

Seuls 4 salariés sur 10 disent souvent aborder la question du bien-être au travail avec leurs supérieurs hiérarchiques. Une proportion qui baisse à 3 salariés sur 10 quand c'est à l'initiative de leur employeur.

73 % des salariés souhaitent une meilleure adéquation entre leur rythme de travail et leur rythme personnel.

Les salariés souhaiteraient voir l'amélioration de leur poste de travail (81 % considèrent qu'elle est souhaitable), le développement de plus d'espaces de détente (66 %) et l'organisation d'événements de convivialité (58 %). Curieusement, la progression salariale et la prise de responsabilités apparaissent comme des attentes moins importantes pour eux (54 %). Il s'agit avant tout pour les salariés de disposer de plus de moyens de déconnexion, même courts, pour mieux pouvoir se concentrer sur leur travail.

Nos managers semblent avoir perdu l'habitude de prendre le temps de se montrer humainement proches des salariés. Les seuils de malaise affichés par les salariés vont les obliger à faire un virage à 180°.

- **94 % des salariés souhaitent qu'on leur sourie.**
- **92 % attendent qu'on les complimente sur leur travail.**
- **90 % qu'on leur dise « bonjour » et « au revoir ».**

Les salariés attendent de leur hiérarchie des marques d'humanisation plus importantes – il y a actuellement une certaine déshumanisation du lieu de travail qui n'est pas seulement due au contexte économique et social. La déshumanisation et les incivilités sont en pleine augmentation. Les agissements en cause sont très variés et perçus différemment selon le contexte professionnel. Cela va de l'impolitesse à la moquerie, jusqu'à l'agression verbale. L'*open space*, la collaboration en mode projet, et l'augmentation de la place du numérique développent l'exposition aux incivilités.

L'INCIVILITÉ ET L'HUMANISATION SUR LE LIEU DE TRAVAIL

L'incivilité sur le lieu de travail a déjà été étudiée dans une enquête de Christine Pearson, professeur de leadership mondial à la Thunderbird School of Global Management, parue dans la *Harvard Business Review* en juillet 2014.

L'étude se déroule sur quatorze ans avec plus de 14 000 salariés, managers, responsables de ressources humaines, présidents et P-DG. L'enquête a été menée à travers tous les États-Unis et au Canada afin de déterminer la fréquence, les types, les causes, les coûts de l'incivilité au travail et les remèdes possibles.

Deux conclusions majeures sont ressorties de l'enquête. Premièrement, l'incivilité coûte cher. Deuxièmement, peu d'entreprises reconnaissent ce problème ou agissent pour y remédier. En effet, 98 % des salariés interrogés ont déclaré avoir fait l'objet d'incivilités. En 2011, la moitié estimait être traitée de manière brutale au moins une fois par semaine, contre 25 % en 1998.

L'étude met en avant que presque toutes les personnes victimes d'incivilités sur leur lieu de travail réagissent de façon négative. Les salariés deviennent moins créatifs lorsqu'ils ne se sentent pas respectés. Environ la moitié d'entre eux diminuent délibérément leurs efforts ou la qualité de leur travail. En outre, l'incivilité empêche les gens de s'épanouir. Les salariés qui ont été victimes de mauvais comportements font à leur tour preuve d'incivilité. Ils entrent dans une démarche de « sabotage ». Cela se traduit par : oublier de mettre en copie d'e-mails les personnes concernées, faire circuler des rumeurs, avoir une attention fortement diminuée, être focalisé sur le désir de se venger ou de partir. Les salariés s'assimilent à leur environnement, donc s'ils en ont une perception hostile et méprisante, ils deviennent hostiles et méprisants à leur tour.

La responsable de l'étude s'est dite surprise de rencontrer quelques entreprises qui prennent cela en compte lors de leur recrutement. Les recruteurs appellent cela « l'intelligence émotionnelle ». En bref, dans certaines entreprises, si on sent chez vous une certaine hostilité ou de la brutalité, on considère que vous pouvez détériorer l'équilibre émotionnel interne et que cela n'est pas souhaitable.

L'incivilité en entreprise a aussi été étudiée en France. Une étude réalisée par le cabinet Ginger pour la société Eleas, en septembre 2015 sur 1 000 salariés environ, a mis en avant les données suivantes :

- **Près de 40 % des salariés voient régulièrement des collègues consulter leurs téléphones portables ou écrire des e-mails ou des SMS en réunion et en jugent sévèrement l'utilisation non régulée.**

- **Plus de 1 salarié sur 2 (53 %) trouve insupportable qu'un collègue réponde à un appel téléphonique pendant une réunion interne.**

- **La proportion est plus forte encore lors d'un entretien en face à face (61 %). Plus de 6 salariés sur 10 (63 %) estiment qu'il est insupportable qu'un collègue écrive un SMS en entretien individuel.**

- **1/3 des salariés (33 %) sont affectés personnellement par les incivilités au travail et en souffrent.**

La prévention des incivilités sur le lieu de travail passe par le rappel des principes de vie en communauté, ainsi que des règles de politesse élémentaire.

Le règlement intérieur de l'entreprise a vocation à rappeler à chaque salarié son obligation de se conformer aux règles du savoir-vivre et du savoir-être dans un cadre professionnel, imposant une certaine retenue dans le comportement et dans l'expression verbale. Cela peut paraître étonnant de commencer par parler d'humanisation et de prévention des incivilités dans le sujet du bonheur au travail. On pourrait penser que le plus important, c'est la reconnaissance : l'augmentation de la rémunération et des responsabilités, mais non ! Les études le montrent, le lieu de travail a besoin de cohésion, de respect, de lien, de politesse et d'humanisation.

"Ce n'est pas que les gens n'aiment pas changer, c'est que les gens n'aiment pas qu'on les change."

Richard Teerlink, patron de Harley Davidson, entreprise libérée

LES SOLUTIONS DE MANAGEMENT : ENTREPRISE LIBÉRÉE, ENTREPRISE HEUREUSE ?

Une entreprise libérée, c'est une entreprise dans laquelle la liberté est devenue le principe du management. Les salariés sont encouragés à prendre des initiatives au lieu de suivre une façon de faire. La hiérarchie est au service des salariés et la prise de risque est encouragée. La conviction de ce modèle réside dans le postulat que l'homme est bon et responsable tandis que le contrôle qui structure l'entreprise sur la base du modèle hiérarchique n'a pas de sens comme modèle d'organisation globale. Cette notion est très bien décrite dans l'ouvrage d'Isaac Getz appelé *Liberté & Cie. Quand la liberté des salariés fait le succès des entreprises*, de 2012. Dans cet ouvrage, Isaac Getz nous montre que la liberté conférée aux salariés est l'un des principaux leviers de performance dont dispose une entreprise. Faire confiance à ses salariés, leur donner de la marge de manœuvre et les traiter en égaux permet d'accroître la productivité et l'efficacité.

Les entreprises les plus citées comme représentatives sont : Harley Davidson, Morning Star Gore, Semco, Chronoflex, Poult, Sol, Favi, le ministère belge de la Sécurité sociale… La fonderie Favi, qui se présente elle-même comme « entreprise libérée de première génération », a transformé son schéma de production, basé désormais sur la confiance, et a supprimé ses pointeuses. L'entreprise Sew Usocome, spécialisée dans la fabrication de moteurs et transformateurs électriques, qui associe ses salariés à la création de profits, a créé des espaces de travail désormais sans cloison et a ouvert une salle de sport, à disposition de chacun.

Concrètement, dans les entreprises libérées, les valeurs et l'organisation sont profondément modifiées par rapport à une structure classique. Chacun devient responsable de lui-même, de ses objectifs et de son business. On fait confiance aux salariés, on les responsabilise, on les implique dans le développement de l'entreprise, on les considère comme des « porteurs d'affaires ». La notion de contrôle devient totalement révolue puisque, justement, il est question de créer les conditions de l'autonomie ! Dans ce type de structure, on retire les managers. La liberté d'action devient ainsi la norme – avec, cependant, son lot d'inquiétudes pour certains salariés qui « attendent de voir », qui restent « dubitatifs » voire « méfiants » ou qui sont en recherche d'un management plus directif. Enfin, la culture du droit à l'erreur est encouragée, ce qui représente en soi une révolution. Commettre des erreurs est considéré comme l'intention d'innover. Au revoir la peur de mal faire et place à l'esprit de conquête et de transformation dans la manière de travailler.

ÇA MARCHE ?

Chez Chronoflex, devenu entre-temps le groupe Inov'On, la réussite fut au rendez-vous, dès l'année qui suivit la mise en place de ce nouveau management : la marge nette de l'entreprise fut multipliée par quatre !

Cette *success story* devient exemplaire. Des entreprises connues pour leur niveau de performance (Michelin ou le groupe Mulliez) sollicitent Inov'On, afin de découvrir et d'intégrer au niveau organisationnel les principes qui ont permis ce succès.

Les études mettent en avant les bénéfices organisationnels et de cadre de vie pour les salariés : autonomie, estime de soi retrouvée, satisfaction professionnelle, engagement. Mais, de mon point de vue, la libération des grandes entreprises n'est pas pour demain, cela prendra du temps et la question du bénéfice à long terme des entreprises libérées se pose encore. On enseigne peu ce modèle dans les écoles. Il ne rentre pas dans les modèles véhiculés en général sur l'entreprise. Peu de gens ont idée du fonctionnement de l'entreprise libérée, moins encore en ont l'expérience. La France est le pays de la hiérarchie. On fonctionne par cercles concentriques autour du centre du pouvoir. L'écosystème s'est constitué autour de l'entreprise classique, hiérarchique et bureaucratique. Pour être libéré, il faut oser mettre son ego de côté. Tout le monde n'est pas prêt à cela. Avoir un travail, c'est aussi avoir des signes de pouvoir pour beaucoup. Par ailleurs, il faut considérer qu'à l'intérieur d'une entreprise il y a des fonctions de réalisation mais aussi des fonctions de prévision, d'innovation et de décision. Au-delà du quotidien, se pose la question de la capacité des équipes à faire face à des situations complexes ou dégradées. Cependant dans ce modèle, deux idées sont très intéressantes : d'abord le fait de considérer chaque salarié comme un mini-entrepreneur. Il devient le « boss » à son niveau. Ensuite, l'idée de tirer profit des échecs, de ne pas en avoir peur, de les inscrire comme marge de progression.

LE TÉLÉTRAVAIL, LE NOMADISME AU TRAVAIL ? LA CLÉ DU BONHEUR ?

Quelque 59 % des salariés souhaiteraient télétravailler, c'est-à-dire travailler hors des locaux de l'entreprise, afin de faciliter leur quotidien et de réaliser des économies. Chez les cadres, la proportion grimpe à 71 %, selon une étude de l'institut Odoxa pour Syntec numérique. Largement répandu dans les pays scandinaves, le télétravail n'est pas très développé dans l'Hexagone (moins de 15 % des salariés), même si de grandes entreprises commencent à l'encourager. Dans ces cas-là, le patron a tendance à limiter cela à deux ou trois jours par semaine. Là où, aux États-Unis et au Canada, on est souvent sur la semaine entière. Pour les employeurs, le télétravail offre aussi des avantages puisqu'il permet d'économiser des frais de location de bureaux.

Selon une étude américaine du Boston College, publiée par *The Atlantic* en octobre 2015, trop de télétravail pourrait nuire aux relations sociales au sein d'une entreprise, poussant certaines firmes à revenir sur cette pratique. Certaines grandes entreprises américaines, comme Yahoo!, feraient marche arrière sur la question du télétravail, précisant que les relations de bureau favorisent la productivité. Le fonctionnement d'une entreprise repose sur le collectif. Quand un salarié est loin de son bureau, seules les informations numérisées sont échangées. Les informations importantes liées aux comportements, aux discussions ne passent pas entre les individus. À travers cette étude, on peut aussi conclure que les liens au sein de l'entreprise sont importants et doivent être encouragés.

Les salariés sont « attachés » à leurs collègues et c'est une très bonne chose pour le bien-être.

Du télétravail, on passe rapidement à la tendance du nomadisme au travail. Il s'agit de télétravailler, non pas de chez soi mais d'endroits différents comme des espaces de *coworking*. Les espaces de *coworking* sont soit bien plus près de la maison que le lieu de travail habituel, soit bien plus loin, l'idée est alors de travailler en voyageant. Depuis 2006, les espaces de *coworking* se sont largement développés, la tendance nous vient aussi de la Silicon Valley. Il y aurait aujourd'hui plus de 1 800 espaces de *coworking* à travers le monde. Parmi les lieux les plus connus, nous pouvons citer : La Cantine (Numa) ou La Ruche à Paris, The Hub à Londres ou le Betahaus à Berlin. Le *coworking* est né de la volonté d'acteurs de professions créatives de partager des bureaux pour sortir de leur isolement tout en réalisant des économies.

Le *coworking* est également la résultante d'une transformation de l'environnement entrepreneurial sur les plans technologique, écologique et économique. Cette transformation du paysage induit l'apparition d'une nouvelle génération de travailleurs mobiles, recherchant des espaces propices à l'interaction sociale. Le *coworking* repose sur des besoins bien précis : d'abord un espace de travail ouvert et optimisé. Un espace organisé de manière à créer un environnement favorable aux interactions tout en préservant une ambiance de travail. Ensuite, le besoin de rencontrer des gens créatifs permettant un processus d'échange entre les différents participants.

Bien évidemment, toutes les professions ne sont pas adaptables pour le nomadisme en espace de *coworking*, mais cela donne de la liberté, permet un meilleur équilibre entre la vie personnelle et la vie professionnelle, une économie de temps de transport et la diminution du stress et de la fatigue. On manque un peu de recul pour savoir si le travail nomade et en espace de *coworking* est générateur de bien-être. Mais j'aime aussi rappeler les résultats des enquêtes Gallup portant sur une dizaine d'années qui montrent que le facteur le plus important pour le bien-être au travail réside dans les relations amicales solides nouées au bureau. L'amitié renforce l'engagement des individus envers l'entreprise au sens large du terme. Avoir des amis proches et créer des échanges positifs nécessite d'avoir une véritable relation avec ses collègues de bureau et donc de les voir, de passer du temps avec eux.

LE SAVIEZ-VOUS ?

Vous êtes tenté par les espaces de *coworking* ? Vous y trouverez 48 % d'indépendants et 52 % de salariés d'entreprises. Environ 88 % des espaces de *coworking* voient leur *coworkers* travailler ensemble.

L'INNOVATION DANS LES ESPACES DE TRAVAIL

La modification fondamentale des espaces de travail nous vient directement de la Silicon Valley, où l'on s'est posé la question du lien entre espace de travail et créativité. Les exemples de transformation radicale de l'espace de travail dans les entreprises se multiplient à travers le monde avec pour objectif de stimuler l'envie d'innover mais aussi le bonheur des salariés.

Ce n'est pas un hasard si un géant de la créativité comme Google vient de repenser toute l'architecture de ses nouveaux bureaux. Son futur siège sera bâti à Mountain View, en Californie, en remplacement du siège actuel, le Googleplex. Les bureaux seront composés d'immenses serres modulables, avec des bureaux « à ciel ouvert » à l'intérieur. Ces nouveaux bâtiments cherchent à flouter les frontières entre espace public et espace privé, pour augmenter la créativité des collaborateurs. À l'intérieur, le principe est simple : le bâtiment est divisé en modules dont les murs peuvent être facilement déplacés selon les activités du groupe. Chacun d'eux fonctionne comme un village indépendant des autres, entrecoupé d'espaces de loisir et de bien-être. Des pistes cyclables traverseront les bulles de verre où cohabiteront geeks du moteur de recherche et créateurs des Google *cars*, capables de se déplacer toutes seules. Ils ont été conçus par deux créateurs : l'architecte danois Bjarke Ingels (BIG) et le designer britannique Thomas Heatherwick (Heatherwick Studio).

Il existe un livre de design exclusivement consacré aux sièges de bureau (*A Taxonomy of Office Chairs*, Phaidon, 2011). L'auteur est le designer américain Jonathan Olivares. Il a été soutenu dans ce projet encyclopédique par le directeur du design de Knoll,

Benjamin Pardo. Au total, 130 chaises de bureau, datant de 1840 au milieu des années 2000, y sont présentées. On y apprend que Charles Darwin avait conçu lui-même, dans les années 1840, la première chaise à roulettes.

Vous y apprendrez aussi que c'est George Nelson, directeur du design de la firme américaine Herman Miller, qui a pensé les bases du bureau moderne au début des années 1960 avec le projet « Action Office I ». Un flop commercial à l'époque, mais un modèle de référence dans la conception qui s'appuie alors sur des études comportementales et promeut la mobilité. Cette idée a été reprise ensuite pour créer des tables réglables en hauteur permettant de travailler debout, couplées ou non à des plateformes d'exercice pouvant discrètement se glisser dessous (Sit-to-Walkstation, Steelcase ; planche de surf gonflable Wurf Board sur Kickstarter).

Pour favoriser le bien-être, il est important d'offrir surtout une diversité d'espaces de travail, parmi lesquels les salariés sont libres de faire leur choix. Quand on modifie l'espace de travail, il est aussi intéressant de l'adapter aux différentes phases de travail : l'échange, le travail en pleine conscience, la recherche…

Les recherches en ergonomie du travail nous montrent qu'il est aussi vital de proposer des espaces de repos, des espaces de travail dans différentes positions, en particulier debout, et des espaces personnalisables où le salarié peut *customiser* (« personnaliser ») son endroit pour se sentir comme chez lui.

LE SAVIEZ-VOUS ? LA STATION ASSISE VOUS FATIGUE

Oui, cela paraît incroyable mais c'est vrai. Une grande partie de la fatigue que vous accumulez au cours de votre journée de travail est liée à l'absence de renouvellement de votre posture. Selon le professeur François Carré, cofondateur de l'Observatoire de la sédentarité : « La sédentarité croissante est liée à la mauvaise utilisation que l'on fait du progrès. [...] Plus le temps journalier passé en position assise est élevé et plus courte est l'espérance de vie. »

Un des grands progrès de l'étude du bien-être au travail est sans conteste les initiatives permettant de faire cohabiter le travail avec l'activité physique. Une des fonctions novatrices de l'Apple Watch est de sonner à chaque fois que l'on reste assis trop longtemps. En lançant l'Apple Watch, Apple lance « Activity ». Cette application, particulièrement intéressante pour une utilisation au cours des journées de travail, surveille toutes les activités les plus simples comme se lever, bouger les jambes, etc. Elle utilise trois anneaux pour représenter votre activité globale quotidienne, qui correspondent aux mouvements, aux exercices et aux moments de la journée pendant lesquels vous êtes debout.

Pourquoi ne pas aussi envisager à l'intérieur des entreprises des primes de mobilité pour les salariés qui viennent ou rentrent à pied, des téléphones exclusivement en hauteur pour téléphoner debout ?

L'ÉCONOMIE DE PARTAGE, LE JOB DE RÊVE ?

On l'appelle l'« économie contributive », l'« économie collaborative », la « troisième révolution industrielle » ou l'« économie de partage »... Il s'agit d'une société du partage, passant par une mutualisation des biens et des ressources et une valorisation de la collaboration entre citoyens ou consommateurs, pouvant aboutir à une nouvelle répartition du travail *via* des mécanismes d'auto-organisation.

L'économie collaborative est une économie horizontale, non hiérarchique, qui réduit le nombre d'intermédiaires entre les parties. L'idéal de cette économie est d'atteindre une libre organisation des individus entre eux, une forme d'auto-organisation spontanée. À travers l'économie collaborative, nous entrons dans une économie directe de type *C to C*, c'est-à-dire de consommateur à consommateur, ou plutôt d'individu à individu. En fait, il s'agit d'une économie de type *C to B to C*, le « B » (business) étant la plateforme de mise en relation entre individus qui devient un nouvel intermédiaire. Il n'y a plus d'organisations pyramidales de l'entreprise classique, il y a une communauté connectée organisée en réseau autour de la plateforme de mise en relation.

Certaines entreprises collaboratives sont en passe de remplacer d'anciens monopoles, à l'image d'Uber ou d'Airbnb. Aujourd'hui on compte environ 9 000 start-up de l'économie du partage dont 276 créées ou implantées en France, 76 % d'entre elles ont été fondées après 2008.

D'ici à 2025, l'économie de partage serait alors à égalité avec l'économie traditionnelle.

L'économie de partage permet de devenir entrepreneur de sa vie, on gagne en liberté, en projet et en envie. Et on gagne en plaisir de réalisation. De plus, une approche pragmatique de l'économie de partage consiste à la considérer comme une aubaine pour des personnes éloignées de l'emploi. Les services qui permettent à des jeunes, des étudiants, des retraités, des femmes au foyer, des chômeurs de trouver un revenu, même faible, peuvent constituer une bonne opportunité. Cette fonction est d'ailleurs toujours mise en avant par les entreprises de mise en relation entre offreurs et demandeurs.

Mais l'économie de partage n'est pas encore un monde parfait. Les nouveaux intermédiaires s'engouffrent dans des failles juridiques leur permettant de se présenter comme des entreprises du numérique sans salariés. Cela permet de faire d'énormes économies de main-d'œuvre, puisque la majorité de celle-ci travaille à son compte. Récemment, le magazine américain *Fusion* s'est amusé à calculer le montant des cotisations que paierait Uber par chauffeur aux États-Unis si ces derniers étaient requalifiés en employés de la firme. Il en coûterait au bas mot 10 000 dollars par chauffeur et par an. Rappelons que le statut d'indépendant implique de ces chauffeurs qu'ils louent ou achètent leur véhicule, paient leur essence et soient considérés comme responsables en cas de problème avec un client. Certains services comme Homejoy ont dû fermer leurs portes en raison d'actions en justice leur demandant de reclasser les travailleurs indépendants en salariés avec les avantages auxquels il peuvent prétendre.

L'ÉCONOMIE DE PARTAGE REND-ELLE HEUREUX ?

L'économie de partage, c'est avoir un statut de non-salarié. On assiste à une augmentation progressive du travail non-salarié en France, même si cette tendance reste moins marquée qu'en Allemagne ou au Royaume-Uni. Entre 2006 et 2011, les non-salariés ont progressé en France de 26 % pour atteindre 2,8 millions de personnes, note l'Insee. Ce dynamisme s'explique en partie par le succès du statut d'auto-entrepreneur, créé en 2008, qui encourage l'initiative et l'entrepreneuriat individuel. Les indépendants rencontrent certaines difficultés telles que la recherche de clients, la gestion administrative et le fait de travailler seul, mais tous mettent en avant qu'ils ne pourraient pas revenir en arrière car ils sont devenus acteurs de leur projet professionnel et aussi acteurs de leur vie. Certains économistes mettent en avant que le statut d'indépendant est **LE** statut de demain ! Les études à venir nous diront si c'est le statut du **BONHEUR** !

LE *B2U*, L'ENTREPRISE DE DEMAIN

Après les modèles *B to B* et *B to C* adaptés à la consommation de masse, voici un concept novateur : le *B2U* (*B to U*), contraction de *Business to you*. Il associe le commerce de proximité matérialisé par un réseau de vente directe et le commerce à distance matérialisé par Internet. Le *B2U* répond au désir de souplesse des rythmes de travail en privilégiant l'efficacité plutôt que le temps de présence. Dans le *B2U*, l'indépendance est une condition de réussite. Le travailleur a entièrement la main sur son activité. Il est indépendant, mais pas seul. Dans le *B2U*, le maillage numérique créé par l'entreprise partenaire permet l'acquisition de nouveaux consommateurs en direct ou par l'intermédiaire de l'entreprise. Le partage de la rémunération entre l'entreprise partenaire et le travailleur est gagnant-gagnant. Le *B2U* permet de réaliser des revenus complémentaires avec peu de contraintes de départ.

Bien plus qu'un modèle économique, le *B2U* est un nouveau style de vie : *B2U Life* !

REMETTRE LE SALARIÉ AU CŒUR DU BIEN-ÊTRE EN ENTREPRISE

LE MANAGEMENT DU BONHEUR

L'étude de Christine Pearson, professeur de leadership mondial à la Thunderbird School of Global Management, parue dans la *Harvard Business Review* en juillet 2014 sur le bien-être au travail, a aussi étudié le management et ses conséquences sur le bien-être. Elle met en avant trois points importants pour les managers qui permettent d'aider les employés à s'épanouir au travail. Les trois points sont nécessaires à la promotion d'une culture de l'énergie et de l'apprentissage dans l'entreprise.

• **Accorder la possibilité de prendre des décisions :** à tous les niveaux, pouvoir prendre des décisions donne de l'énergie aux salariés. Cette idée nous vient du principe des entreprises libérées, mais la différence, c'est qu'il faut analyser les suites de la prise de décision et ne surtout pas réduire l'autonomie en cas d'erreurs. Cette mise en situation permet aux salariés d'apprendre et de progresser.

• **Partager l'information :** le cloisonnement de l'information est assommant pour les salariés, c'est un facteur reconnu de désengagement. Un salarié qui a 45 % des informations n'a aucune raison de chercher des solutions innovantes car il ne verra pas l'impact à plus grande échelle de sa décision. Donner de l'information, partager et échanger l'information, c'est aussi vital pour la cohésion interne.

• **Fournir un feed-back sur la performance :** le *feed-back* sur la performance, c'est le contraire du *reporting*, ou c'est du *reporting* intelligent. Trop souvent, on considère que c'est le salarié qui « fait ». Mais pour que le salarié fasse et refasse sans perdre sa motivation, il doit apprendre à faire mieux et cela passe par le *feed-back* du manager sur une réalisation. Le *feed-back* permet de maintenir les activités professionnelles de chacun centrées sur les objectifs professionnels. Sans *feed-back*, la qualité de production ne s'améliore pas, voire diminue, car la motivation décroît.

À travers ces trois principes de management, l'idée est de manager les salariés comme s'ils étaient des mini-entrepreneurs en formation. On ne cache rien, on leur donne de la visibilité pour qu'ils prennent des décisions, on revient sur les décisions prises pour les aider à apprendre. C'est un système gagnant-gagnant.

PARTIR DES SALARIÉS ET DE LEURS ATTENTES

De l'ensemble des études et des grandes tendances du bonheur au travail, je conclus aussi qu'il faut avant tout comprendre que le bonheur au travail est une notion individuelle. Cela dépend du poste, du service, du niveau de qualification, du fonctionnement interne. Il n'y a pas de recette magique, tout comme il n'existe pas de régime miracle qui règle le surpoids de tout le monde. Parler de bien-être et de bonheur, c'est parler de personnes, c'est donc parler d'individus. On ne décrète pas le bonheur du salarié comme une démarche universelle ! Avant de libérer les entreprises de l'emprise du management, libérons la parole des salariés ! Demandons-leur leur avis, ce qu'ils souhaitent, ce qu'ils veulent, ce qui est important pour eux.

L'entreprise du bonheur sera l'entreprise qui inscrira au contrat de travail de tous les salariés une charte d'engagement pour son bien-être et son bonheur. La charte sera travaillée en amont entre l'entreprise et le salarié, elle lui sera adaptée. Celle-ci devra aborder les valeurs profondes de cohésion interéquipe et d'échange, l'optimisation du lieu de travail et des mesures pour faciliter la transition entre vie de famille et vie professionnelle. Le plus important doit rester l'idée d'avoir la capacité de nous adapter aux talents avec lesquels nous souhaitons travailler.

Les stratégies individuelles de l'épanouissement : agir pour être heureux au travail

Chaque salarié doit être acteur de son bien-être dans l'entreprise. Le fait de prendre des décisions pour son bonheur va générer du bonheur. Voici 10 astuces à mettre en place pour mieux gérer votre bien-être au travail.

1- Aimez votre travail et trouvez votre motivation

Cela peut paraître simpliste, mais aimer ce que l'on fait représente le premier critère d'épanouissement au travail. Il n'y a rien de pire que d'exercer quotidiennement un métier que l'on déteste. Se poser les bonnes questions avant de s'orienter, c'est la clé du bonheur au travail ! Lorsque l'on s'ennuie, il convient de sortir de la position de passivité dans laquelle on se trouve et de redevenir créatif par rapport à la tâche qui nous est confiée. On peut toujours produire de l'intelligence sur son travail, trouver une autre manière de faire, plus rapide, moins absurde ou encore plus esthétique. La première chose, c'est de voir sur quoi on peut agir pour retrouver de l'intérêt à ce que l'on fait. Et la seconde, c'est de « challenger » sa hiérarchie : « Laissez-moi vous montrer de quoi je suis capable ou essayer autre chose. »

2- Personnalisez votre espace de travail

Posez-vous la question : êtes-vous bien à votre poste de travail ? Comment vous sentez-vous ? Détendu ? Oppressé ? Votre espace de travail n'est pas une fatalité. Vous pouvez modifier la lumière de votre bureau, ajouter des éclairages d'ambiance. Mettez des photos, végétalisez… Sentez-vous bien !

3- Pratiquez l'entraide entre collègues

Il est fondamental d'avoir sur son lieu de travail un noyau sur lequel compter. Le sentiment d'appartenance est très important. C'est le besoin de se sentir soutenu, de créer des liens avec les autres. Avoir l'impression de faire partie d'un groupe, de cultiver des relations d'amitié au travail contribue à encourager l'implication des salariés et leur attachement à l'entreprise. Rappelez-vous les résultats des études sur le télétravail et les conclusions des rapports Gallup. Il est fondamental de se sentir bien avec ses collègues et d'avoir du lien. Faites des pauses ensemble, faites de vrais déjeuners entre collègues. Cultivez l'entraide et le plaisir d'être réunis.

4- Travaillez en pleine conscience

La pleine conscience vient de la philosophie et de la méditation orientale. Cela signifie d'être juste attentif à l'instant présent. Les bénéfices sur la santé et la concentration sont prouvés. Ce n'est pas facile à mettre en place, notamment dans des *open spaces* où il y a des bruits de conversations et du passage. Coupez les connexions, donnez-vous un timing pour une tâche, ne faites que ça, ne pensez qu'à ça, ne vous dispersez pas. Vous obtiendrez une grande satisfaction après une phase de travail en pleine conscience. Vous serez très heureux de votre journée de travail.

5- Cultivez l'optimisme

L'optimisme a un rôle fondamental à jouer dans le contexte actuel. Il est important de trouver ce sentiment de croyance dans notre propre capacité d'agir. Il s'agit de garder l'esprit ouvert et de rechercher ce qui est bon. C'est une émotion à cultiver en entreprise pour rester motivé. L'optimisme est également bon pour la santé. Choisissez votre devise ensemble :

- « Aimer son travail autant que ses week-ends. »
- « Risquer d'échouer spectaculairement pour réussir brillamment. »
- « S'accrocher, ne pas être frileux, être inventif. »

Quelle est la vôtre ? ....

Et surtout soyez toujours poli. Dites un grand bonjour, un grand merci à vos collègues. Souriez et faites une vraie chasse à l'incivilité ! Cultivez les marques de gratitude et de politesse. Lorsque vous arrivez à votre travail, comment aimez-vous être reçu ? Par des visages froids ou avec la chaleur d'un sourire ? Le sourire facilite les interactions sociales et c'est un excellent moyen de communication. On écoute plus facilement une personne qui sourit, c'est tellement plus agréable qu'on a envie de l'écouter. L'écoute étant essentielle dans la communication, si vous avez envie de vous faire entendre, mieux vaut sourire ! Souriez aussi au téléphone, faites le test, vous verrez que le sourire s'entend aussi !

6- Faites des pauses

Les pauses sont bonnes pour la productivité, de nombreuses études l'ont montré. Une étude récente parue dans le *Journal of Applied Psychology*, en août 2015, donne les clés pour une « bonne » pause :

- Les pauses sont plus efficaces quand l'employé fait quelque chose qui lui plaît. Alors si possible, n'utilisez pas les pauses pour faire les corvées administratives de la maison !

- Les pauses permettent de récupérer plus d'énergie quand elles sont faites tôt dans la journée. Attendre l'épuisement pour lever le pied, c'est une erreur !

- Créez des rituels agréables et conviviaux entre collègues !

À méditer : pourquoi pas la pause *fika* ?

En Suède, où les employés sont parmi les moins stressés du monde, le secret du bonheur au travail pourrait résider dans un rituel baptisé *fika*. *Fika* est un mot suédois dérivé de *kaffe* (« café »), qui désigne la pause qui a lieu deux fois par jour (vers 10 h et 15 h) souvent organisée. C'est plus qu'une pause, c'est plus qu'un café, c'est un concept. En Suède, le café est quelque chose qu'on attend avec impatience, un moment où tout s'arrête et où l'on n'a plus qu'à savourer. Donc le principe du *fika*, c'est de ralentir le rythme autour d'un bon café entre collègues et de parler de tout sauf du travail.

7- Développez votre réseau

Plus un salarié développe son réseau personnel, moins il est menacé dans son activité. La force d'un bon réseau se mesure également lorsqu'il s'agit de développer ses projets personnels. Pensez à votre réseau interne et externe. Votre réseau vous rendra plus fort, il vous donnera confiance. C'est grâce à vos connexions personnelles que vous pourrez faire grandir des projets, des alliances éventuelles. Soyez réellement à l'écoute des autres, c'est-à-dire attentif à eux et respectueux de leur personne, sans cynisme, sans manipulation, sans calcul.

8- Tirez parti de vos échecs et enrichissez vos compétences

Des erreurs peuvent déboucher sur des processus créatifs. Souvenez-vous que la tarte Tatin est née de l'étourderie de deux jeunes femmes, les sœurs Tatin, qui essayèrent de « rattraper » la tarte en l'enfournant à l'envers après l'avoir fait maladroitement tomber. Il faut apprendre à tirer parti de l'échec, car c'est lui qui fournira de précieuses indications sur la possibilité de réussir la fois d'après. Le fiasco d'aujourd'hui peut tout à fait être le succès de demain. Valoriser l'échec comme façon d'apprendre, c'est une excellente idée qui nous vient de la culture des entreprises libérées. Appliquez-la ! N'ayez plus peur !

9- Donnez du sens à votre travail

Les salariés ont besoin de sentir qu'ils contribuent à quelque chose de grand. Le sens est un facteur de satisfaction énorme. Des chercheurs de l'université Havard ont d'ailleurs montré que ce qui est le plus déterminant pour notre moral à la fin de la journée, c'est le sentiment d'avoir avancé dans notre travail et d'avoir changé la vie de quelqu'un d'autre. Valorisez votre planning le matin et valorisez votre avancement le soir ! « C'est vous qui l'avez fait », quittez le bureau avec le sentiment d'avoir « avancé ».

10- Définissez votre « non acceptable » et n'attendez pas tout de l'entreprise

Il s'agit de poser vos limites pour mieux vous réjouir de ce que vous avez. Vous devez savoir ce qui est important pour vous et ce que vous ne pouvez pas accepter en termes de conditions de travail, de tâches ou de relations humaines. Pour chaque individu, cela est variable, cela dépend de vos priorités. Mais il est très important de poser les limites, de savoir dire non quand c'est essentiel pour vous. Il ne s'agit pas d'un jeu de pouvoir, il s'agit de considérer que chaque salarié a des devoirs envers l'entreprise et que l'entreprise doit le respecter en échange. Le respect passe par le respect de ses limites. À vous de les identifier et de les énoncer !

Vous vous demandez ce que l'entreprise peut faire pour vous ? Demandez-vous ce que vous pouvez faire pour l'entreprise. Aucune structure n'est parfaite pour tout le monde, mais la plus grande qualité d'une entreprise, c'est de pouvoir rester connectée et adaptable à ses talents. À condition de les exprimer, de proposer des choses, de participer à l'amélioration collective. Vous devez garder en tête que vous êtes le garant de votre bonheur, de votre épanouissement, ne vous dépossédez pas de votre capacité d'agir !

EN PRATIQUE

À FAIRE AU TRAVAIL POUR SE DÉTENDRE

Je rencontre depuis plusieurs années des spécialistes de l'ergonomie au travail. Je vous propose quelques exercices directement inspirés de mes discussions avec eux ayant pour objectif de préserver l'énergie au travail, vitale pour se sentir bien. Il faut la recharger au fur et à mesure de la journée.

La pause coupe-stress

• Quand vous vous sentez tendu et stressé : prenez quelques minutes pour harmoniser votre corps et penser à votre bien-être. Cet exercice vous permettra de revenir à une certaine lenteur et de ressentir votre corps.

• Debout, posez vos paumes de main derrière vos cuisses, le plus bas possible, les pieds bien à plat et légèrement écartés. Vous allez vous courber vers l'arrière le plus lentement possible. Pour cela, commencez par la nuque, en l'arrondissant. Avancez vertèbre par vertèbre, votre gorge se met en extension.

• Continuez à vous pencher en arrière, vertèbre après vertèbre, vous sentez vos dorsales s'assouplir. Ensuite, petit à petit, vous atteignez les lombaires. Vous arrivez enfin vers le sacrum. Bien sûr, faites cela à votre mesure, il ne s'agit pas de vous courber au maximum, mais de sentir l'étirement progressif de votre colonne.

• Tenez-vous droit, pieds légèrement écartés. Vous posez maintenant vos paumes sur le devant des cuisses. Vous allez enrouler votre colonne. Vous baissez très lentement la tête, le menton vers le sternum, vertèbre après vertèbre. Vous continuez en enroulant les dorsales, progressivement, vos mains glissent le long des cuisses. Continuez ensuite jusqu'aux lombaires.

Le sourire intérieur, pour transformer les moments de stress en moments de vitalité

Pour les Orientaux, le sourire et ses bienfaits sont chose connue depuis 5 000 ans. Les maîtres taoïstes avaient constaté que le sourire était garant de santé, de bonheur et de longévité. Cette observation les a incités à mettre en pratique le sourire intérieur. À mi-chemin entre relaxation et méditation, le sourire intérieur consiste tout d'abord à imaginer ou visualiser une personne, une situation positive qui nous mette dans un état de calme.

• Asseyez-vous sur le bord d'une chaise, les épaules relâchées, les mains à plat sur les cuisses et les yeux fermés.

- Faites quelques respirations abdominales.

- Visualisez une personne ou une image qui vous donne le sourire.

- Laissez venir doucement un sourire sincère sur vos lèvres.

- Ressentez dans les yeux une douce lumière (ou un sourire), qui rayonne au visage et descend dans le cou, les poumons, l'estomac, le foie, les reins…

- Laissez revenir la lumière aux yeux et sourire au corps entier.

- Puis offrez votre sourire en le laissant sortir par les yeux.

Le sourire intérieur permet de prendre conscience de notre corps grâce au ressenti et ainsi de porter notre attention sur le moment présent. Il est particulièrement indiqué pour toutes les situations de mal-être et de manque d'estime de soi.

Créer des sas en partant de chez vous et en quittant le bureau

Pour profiter pleinement de sa vie de famille et être 100 % à son travail, il est nécessaire de bien soigner vos transitions entre bureau et maison. Pour cela, créez des sas entre chaque phase.

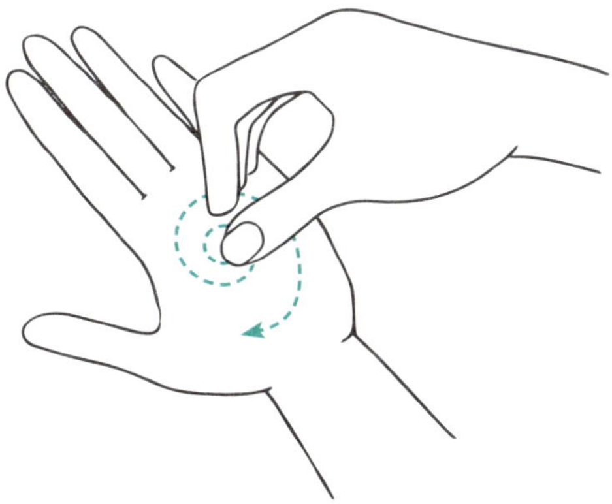

L'automassage est très simple et très efficace pour favoriser ce passage. Massez tout le centre de la main. Pour cela, posez votre paume de main gauche ouverte vers le ciel sur votre genou gauche, et utilisez le pouce de la main droite pour appuyer sur la partie centrale de la paume ouverte, en effectuant des spirales pour parcourir toute la paume.

- Puis changez, en massant la paume de la main droite.

- Faites aussi attention à votre pas entre la maison et le bureau. Quand vous sortez, ne commencez pas en courant. Pas d'à-coups pour le cœur. Habituez-vous à démarrer doucement, en respirant en toute conscience. Pour cela, vous vous intériorisez en portant simplement votre attention mentale sur l'air qui rentre et sort par le nez.

- Inspirez toutes les sensations, agréables ou désagréables, de ce début de matinée. Votre intention est de les inspirer, puis de les souffler hors de votre mental.

PENSÉES POSITIVES SUR LE TRAVAIL

" La seule limite
à notre épanouissement de demain
sera nos doutes d'aujourd'hui."
Franklin Delano Roosevelt

" La différence entre un rêve et un projet,
c'est une date."
Walt Disney

"Ne jugez pas chaque journée par votre récolte,
mais par les graines que vous avez plantées."
Robert Louis Stevenson

" Le succès est la capacité d'aller d'échec
en échec sans perdre son enthousiasme."
Winston Churchill

" Si on veut obtenir quelque chose que
l'on n'a jamais eu, il faut tenter quelque chose
que l'on n'a jamais fait."
Périclès

Mais pourquoi es-tu si heureuse d'aller travailler le lundi matin ? Tu as un amant au travail ?
Non mais on fait des « fika » du bonheur et des exercices d'optimisme le lundi !!! J'adooore ! C'est mieux qu'un amant !

Chapitre 6

LE BIEN-ÊTRE *avec l'argent*

> *" La plus haute finalité de la richesse n'est pas de faire de l'argent, mais de faire que l'argent améliore la vie."*
>
> *Henry Ford*

Est-ce l'argent qui rend heureux, la fierté de l'avoir gagné, ou les réalisations qu'il nous permet ? De quoi s'enrichit-on vraiment ?

Les études scientifiques connues sur le bonheur et l'argent ont des résultats contradictoires mais elles se rejoignent sur un point, l'argent ne suffit pas. On connaît tous Picsou, ce personnage de Disney. Le problème de Picsou, c'est qu'il a fait de sa vie un coffre-fort, il passe son temps à gagner de l'argent mais surtout à se défendre d'en perdre. Bien qu'il soit très populaire, je ne pense pas que l'on puisse considérer Picsou comme un modèle de bonheur.

Je suis convaincu que l'on peut être riche sans argent et que cette richesse-là n'a pas de prix ! Le besoin de réalisation est bien plus générateur de bonheur que l'argent seul.

CE QUE DISENT LES ÉTUDES

L'ARGENT FAIT-IL LE BONHEUR ?

Les économistes Angus Deaton, Prix Nobel d'économie 2015, et Daniel Kahneman, Prix Nobel d'économie 2002, ont étudié la question de l'argent et du bonheur en 2010. Ils souhaitaient répondre à ces questions : « Est-ce que devenir plus riche améliore **vraiment** le bonheur ? », « Si l'argent fait le bonheur, combien en faut-il ? », « Quelqu'un qui gagne 100 fois plus que son voisin est-il 100 fois plus heureux ? »

Des centaines de milliers d'Américains ont été sondés. Les résultats de l'étude sont très simples : quand on gagne 75 000 dollars par an (disons 5 500 euros par mois), on a le maximum de bonheur. Moins, on est moins heureux, on vit dans le stress. Mais le plus intéressant, c'est que plus, cela ne procure pas davantage de plaisir ou de « satisfaction émotionnelle », comme la nomme Angus Deavon, c'est-à-dire la capacité à ressentir de la peine, de la joie, de la douleur ou à tenir le choc face aux difficultés de la vie.

Selon les auteurs : « Peut-être que 75 000 dollars est un seuil au-delà duquel des hausses de revenus n'améliorent plus la capacité des individus à faire ce qui compte le plus pour leur bien-être émotionnel, comme de passer du temps avec ceux qui leur sont chers, éviter la douleur et la maladie, et profiter de leurs loisirs. »

Évidemment ce seuil est adapté à une époque (2010) et à un pays (les États-Unis), il n'est pas universel. Mais de cette étude, il faut tirer quelques enseignements : d'abord, il est nécessaire de comprendre que chacun doit vivre avec ce qui lui suffit et que, au-delà, cela ne sert à rien, cela ne rend pas plus heureux. Ensuite, l'étude met en avant une autre forme de bonheur qui n'est plus le bonheur-sécurité (celui que l'on ressent au maximum avec 75 000 dollars par an) mais le bonheur comme satisfaction de soi. Celui-là continue d'augmenter avec les revenus et c'est ce bonheur précisément qu'il faut rechercher à travers l'argent. Il est donc indispensable de se poser **LA** question sur ce qui nous motive pour avancer et créer, innover et entreprendre.

J'ajoute également qu'un entrepreneur américain, Dan Price, patron de Gravity Payments, une société spécialisée dans les paiements par carte bancaire, basée à Seattle, a décidé de faire passer son salaire annuel d'un million de dollars à 70 000 dollars après avoir lu cette étude et, surtout, d'augmenter ses 120 salariés à 70 000 dollars par an. Je me demande, après un an, si les bénéfices ont augmenté et si les employés sont significativement plus heureux.

LES SUPER-RICHES SONT-ILS SUPER HEUREUX ?

Il faut savoir qu'il existe peu d'études sur cette population si particulière des « super-riches », car ils racontent assez peu les détails de leur vie. Mais une étude américaine datant du milieu des années 1980 est très intéressante. Les chercheurs avaient adressé un questionnaire à 100 membres de la liste des Américains les plus riches, liste établie par le magazine *Forbes*. Ces personnes avaient une fortune personnelle de plus de 125 millions de dollars ainsi que des revenus annuels de plus de 10 millions de dollars. D'après cette étude, les « super-riches » se disaient davantage satisfaits de leur vie, ressentaient moins souvent des émotions négatives que le reste de la population. En revanche, les écarts de bien-être apparaissaient très modestes, beaucoup plus réduits que ce que l'on aurait pu imaginer. Pour les émotions positives, l'écart n'était même pas statistiquement significatif. Les « super-riches » ne riaient pas plus souvent que les autres !

Plus récemment, une étude de 2011 portant sur les « super-riches » et réalisée par le Boston College sur la richesse et la philanthropie a sondé la perception de la richesse des ménages ayant un revenu annuel de 25 millions de dollars ou plus. À partir d'entretiens, les chercheurs du Boston College ont repéré que les « super-riches » de leur échantillon (avec une fortune personnelle moyenne de 78 millions de dollars) avaient de multiples problèmes, relatifs aux enfants, aux amis, à l'amour, au travail… Les « super-riches » doutent souvent de la sincérité de leurs relations sociales et ils ont très peur que leurs enfants passent à côté de leur vie.

Pour conclure, on peut donc dire que les « super-riches » sont plus satisfaits de leur vie mais pas nécessairement plus heureux. Ils ont aussi leurs problèmes, certainement différents des nôtres mais ils ont quand même des émotions négatives. Alors que faudrait-il pour être vraiment heureux ?

LE SAVIEZ-VOUS ?

Une étude célèbre de 1978 publiée dans le *Journal of Personality and Social Psychology* a révélé que le niveau de bonheur des gagnants du loto a tendance à revenir à son état habituel après une joie de courte durée. Le journal a constaté un pic de bonheur à la suite de l'annonce du gain de la cagnotte, puis plusieurs mois après, leur niveau de bonheur était revenu à leur point de départ (avant d'avoir gagné le gros lot !). Finalement, l'étude montre qu'au bout d'un certain temps les gagnants et les non-gagnants sont quasiment au même niveau de bonheur ou de bien-être.

LA THÉORIE DU REVENU RELATIF

Richard Layard, auteur de *Happiness, Lessons From a New Science,* parle de la théorie du revenu relatif. Le principe du revenu relatif est simple : quelqu'un de riche est quelqu'un qui gagne plus que son voisin. Ce qui compte pour la majorité des gens, ce n'est pas le revenu absolu mais leur revenu comparé à celui des autres. Plusieurs études ont même révélé que nous préférerions gagner moins d'argent et avoir un faible écart de salaire avec nos voisins, plutôt que de gagner plus avec une forte différence de revenus avec autrui !

Certes, l'aspect financier est un élément qui va contribuer à votre bien-être, mais le plus important reste le sens que vous voulez donner à votre vie pour vous réaliser. Ce qui est vraiment toxique, c'est la course permanente par rapport aux autres. C'est finir par s'oublier soi-même juste pour se conformer aux désirs et aux standards de notre entourage.

LE BESOIN DE RÉALISATION EST PLUS IMPORTANT QUE L'ARGENT

Une recherche très intéressante, parue dans le *Journal of Research in Personality* en 2009 et menée par des chercheurs américains en psychologie de Rochester, démontre que ce qui rend plus heureux, c'est la réalisation de soi en tant que personne, le fait d'avoir des relations avec des gens qu'on aime et qui nous aiment et le sentiment de contribuer à la communauté.

Ces chercheurs ont interrogé 147 étudiants qui avaient quitté l'université depuis plus d'un an. Cette période suivant le passage du diplôme a été choisie par les universitaires, car elle est critique pour le développement des jeunes adultes. Les chercheurs souhaitaient à travers le choix de cette période se concentrer sur la satisfaction générale, l'estime de soi, le niveau d'anxiété, les signes physiques de stress et l'expérience d'émotions positives et négatives.

Les questions ont été posées à deux reprises, un an après le passage du diplôme et un an plus tard. Les chercheurs ont trouvé après un an que les personnes qui aspiraient à des objectifs plus intrinsèques en rapport avec l'« **ÊTRE** », comme « entretenir des relations profondes » ou « aider les autres », se considéraient plus heureuses que celles qui atteignaient des buts matériels ou relatifs à leur propre image, relevant de l'« **AVOIR** ». Les personnes ayant pour valeurs principales le développement personnel, les relations avec les autres, l'engagement dans une communauté et la santé physique étaient plus satisfaites lorsqu'elles rencontraient du succès dans ces domaines. Elles ressentaient un plus grand bien-être, davantage de sentiments positifs et avaient moins de problèmes de santé liés au stress. Au contraire, malgré leurs réussites, les personnes qui avaient des objectifs plus matériels éprouvaient souvent des émotions négatives comme la honte, la colère, ainsi que des symptômes physiques d'anxiété, comme des maux de tête, des douleurs à l'estomac et une perte d'énergie.

Ces résultats ne sont pas étonnants. Il y a plusieurs années, un psychologue américain, Abraham Maslow, a créé une théorie générale de la motivation humaine. Selon lui, les valeurs intrinsèques satisfont des besoins plus « élevés » dans la hiérarchie des besoins. Maslow explique que l'être humain est motivé par différents besoins organisés dans une hiérarchie et apparaissant dans un ordre ascendant, ce qui signifie que les besoins plus élevés dans la hiérarchie n'apparaissent pas avant que les besoins précédents soient satisfaits.

À la base, au niveau 1, on retrouve les besoins physiologiques (faim, soif, sexualité, respiration, sommeil, élimination).

Quand ces besoins primaires sont comblés, les besoins de sécurité se manifestent. Niveau 2, cela consiste à se protéger contre les différents dangers qui nous menacent. Ils recouvrent le besoin d'un abri (logement), la sécurité des revenus et des ressources, la sécurité physique contre la violence, la délinquance, les agressions, la sécurité morale et psychologique, la stabilité familiale ou, du moins, une certaine sécurité affective et la sécurité sociale (santé).

Puis, le niveau 3 de la pyramide de Maslow, qu'il définit comme le besoin d'appartenance, révèle la dimension sociale de l'individu qui a besoin de se sentir accepté par les groupes dans lesquels il vit (famille, travail, association…). Ce besoin passe par l'identité propre (nom, prénom) et le besoin d'aimer et d'être aimé. Il a besoin de relations amicales, d'une place dans un groupe (confiance et respect de soi, reconnaissance et appréciation des autres) et d'attention. La satisfaction de ces besoins de valorisation conduit à la confiance en soi, aux sentiments d'être capable, utile et même nécessaire.

Le besoin d'estime (niveau 4 de la pyramide de Maslow) prolonge le besoin d'appartenance. L'individu souhaite être reconnu en tant qu'entité propre au sein des groupes auxquels il appartient.

Enfin, le niveau 5 de la pyramide de Maslow, le besoin de s'accomplir, est le sommet des aspirations humaines. Il vise à sortir d'une condition purement matérielle pour atteindre l'épanouissement. C'est également le besoin de participer, serait-ce modestement, à l'amélioration du monde. La personne veut faire ce pour quoi elle est faite, laisser une trace. On peut donc aisément comprendre que seul, l'argent ne peut pas combler les derniers étages de notre pyramide des besoins. Il faut donner du sens à sa vie !

> *" Tous les hommes pensent que le bonheur se trouve au sommet de la montagne alors qu'il réside dans la façon de la gravir."*
>
> *Confucius*

EXERCICE

DESSINEZ VOTRE PYRAMIDE DU BONHEUR

À l'intérieur de chaque étage de la pyramide, les besoins peuvent être, bien évidemment, différents d'un individu à l'autre. Je vous encourage à y réfléchir et à détailler ce qui est le plus important pour vous, pour votre bonheur en remplissant et en créant votre propre pyramide du bonheur :

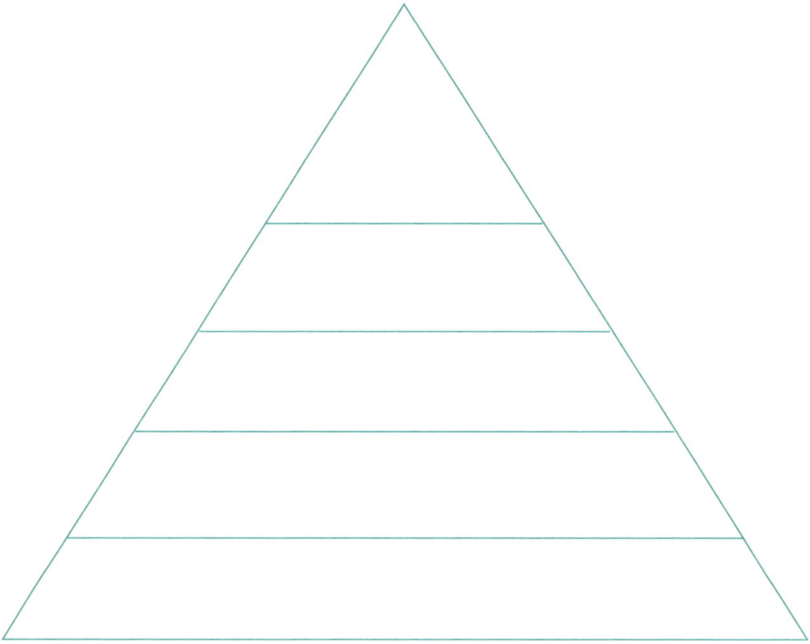

Pour vous aider, posez-vous quelques questions :

- Avez-vous évalué le plaisir de vos cinq derniers achats ?

- Quelle journée est la plus réussie : une journée sans parler à personne ou une journée sans achat ?
- Vous souvenez-vous de votre dernier grand fou rire ?
- La dernière fois que vous vous êtes senti(e) vraiment heureux(se) ? C'était dans quel contexte ?
- Vous souvenez-vous de votre dernière grande satisfaction personnelle ? C'était quand ? Pourquoi ?

L'AVOIR ? ÇA EXISTE ENCORE ? POUR COMBIEN DE TEMPS ?

Nos parents considéraient qu'ils avaient réussi quand ils avaient une jolie voiture, récente de préférence, une belle et grande maison et plein d'objets qui, en apparence, nous apportent du confort et du bien-être. Ils avaient **« réussi dans la vie »**.

Aujourd'hui, on peut vivre en louant tous les biens que nous achetions avant. Et nous pouvons louer ceux que nous avons achetés, les prêter ou les partager. Les objets sont de passage, ils sont réduits à l'usage et au partage que l'on en fait. De même pour les voitures, le succès d'Autolib', trois ans après son lancement, en est le parfait exemple : plus de 200 000 personnes ont utilisé le service d'autopartage 100 % électrique depuis son déploiement, en décembre 2011. Avant, la voiture était un signe de réussite, un marqueur du statut social, aujourd'hui elle est réduite à son usage, c'est-à-dire un outil pour se déplacer simplement et rapidement avec le moins de contraintes possible. Posséder, avoir, a moins de sens qu'avant. L'important, c'est le partage, l'interaction, le collaboratif qui se développent autour des objets.

ENTREZ DANS L'ÉCONOMIE COLLABORATIVE

Le terme a été introduit par Ray Algar dans la revue *Leisure Report* en avril 2007. Il s'agissait alors de faire remarquer que les acheteurs, mieux informés par le Web, avaient un plus grand pouvoir de négociation face au vendeur et pouvaient même, s'ils en avaient la patience, organiser des commandes groupées pour faire baisser les prix.

On a l'habitude de classer les différents types d'économie collaborative en trois catégories :

- **Les « product service systems »** permettent de transformer un produit en service : l'autopartage, les vélos en libre-service ou encore la location d'appartement. Ces plateformes s'inscrivent dans le cadre plus général de l'économie de fonctionnalité.

- **Les « systèmes de redistribution »** organisent le passage de biens d'une personne les possédant à une personne les recherchant. C'est le principe du *C to C* (*customer to customer*) et des plateformes comme PriceMinister ou LeBonCoin mais aussi du troc, du don (Freecycle, Recupe.net), de l'échange…

- **Les « styles de vie collaboratifs »** regroupent les formules de partage de ressources immatérielles entre particuliers : espace, temps, argent, compétences, services. *Couchsurfing*, *colunching*, *crowdfunding*, *coworking*, cohabitat, prêts entre particuliers, achats groupés, repas chez l'habitant... feraient ainsi partie de cette catégorie.

Grâce à l'économie collaborative, la propriété n'a plus la même valeur. Le consommateur est interactif, connecté à sa communauté, il consomme de façon plus raisonnée, plus engagée. Le produit ou service est disponible à partir d'un nombre réduit d'intermédiaires et pourra recirculer. La durée de vie d'un produit sera considérablement différente. L'argent n'est plus le seul moyen qui permet de posséder.

En ce qui concerne la propriété immobilière, j'aime à souligner que 65 % des jeunes actuellement exerceront un métier qui n'existe pas encore. La volatilité de la demande, la mutation des services et la facilitation de la mobilité rendront les jeunes beaucoup plus nomades. En devenant locataires de leur environnement, ils deviendront propriétaires de leur vie.

En diminuant l'**AVOIR**, on développe l'**ÊTRE** et au lieu de « réussir dans la vie », on « réussit sa vie ».

QUE FAIRE DE SON ARGENT ? ATTENTION AU SYNDROME BALTHAZAR PICSOU

Vous connaissez sans doute Balthazar Picsou, l'oncle de Donald Duck et le célèbre personnage de Disney, qui se trouve être à la tête d'une fortune estimée par le magazine économique américain *Forbes* à environ 44,1 milliards de dollars en 2011. L'oncle Picsou est donc immensément riche mais ce n'est pas tout, il a une autre particularité, une caractéristique qui tient à sa personnalité : Balthazar Picsou est incroyablement radin.

Balthazar Picsou se fiche éperdument des richesses réelles, du confort et du bien-être que son argent lui permettrait d'acquérir ; il accumule de l'argent dans son coffre-fort pour le seul plaisir d'en avoir beaucoup. Autrement dit, pour celui qui est atteint du syndrome Balthazar Picsou, un billet de banque a de la valeur indépendamment des biens et services qu'il permet d'acheter et a toujours plus de valeur que les biens et services qu'il permet d'acquérir.

Bien que Balthazar Picsou soit un personnage très populaire, je ne crois pas que nous puissions envisager Picsou comme un modèle de bonheur. **L'argent doit servir à nourrir le sens que l'on donne à sa vie**. Sinon l'argent nous empêche d'avancer, on passe une partie de sa vie à se défendre pour ne pas en perdre et on fait de sa vie un coffre-fort. L'argent n'a de sens que pour faire :

- Vivre le projet ;
- Nourrir l'expérience ;
- Faire plus de choses ;
- Apporter plus de perspectives ;
- Partager et aider les autres.

Souvenez-vous de la pyramide de Maslow, l'argent ne peut pas combler tous les étages !

Mes conseils pour vivre en paix avec l'argent

Retrouvez le goût de l'achat plaisir : chaque mois, provisionnez un budget d'achat plaisir et planifiez vos envies sur plusieurs mois. Apprenez à les répartir en fonction de votre niveau de plaisir. L'essentiel sera de profiter pleinement de votre achat vécu comme un cadeau que vous vous faites ou que vous faites. La sérénité du moment de l'achat augmentera votre plaisir et vous apprendrez à acheter des choses que vous désirez réellement.

Faites la chasse aux « dépenses contraintes » : la part des dépenses contraintes dans le revenu des ménages est passée de 12 % dans les années 1960 à près de 30 % en 2014, selon l'Insee, qui intègre dans cet ensemble les dépenses liées au logement, les assurances et services financiers, les dépenses de télécommunications et télévision, ainsi que les frais de cantine. Je vous conseille de mettre le nez dans vos prélèvements mensuels, de regarder vos contrats d'assurance. Avez-vous besoin de tout ? Certains besoins ne se chevauchent-ils pas ? Vérifiez les prélèvements de votre banque et faites la chasse à l'inutile. Puis convertissez la somme mensuelle ou annuelle économisée en achat plaisir.

Dépensez pour vivre des expériences : pour certaines dépenses, devenez riches de bons moments et de convivialité. Ces achats d'expériences sont ceux qui selon moi restent le plus longtemps dans la mémoire et qui génèrent le plus d'émotions positives. Faites le plein de vos amis, de votre famille et d'expériences partagées.

Faites vivre vos achats : l'important, c'est de désirer, de transformer chaque achat en projet, de le penser et de l'améliorer. Retardez vos achats volontairement. Apprenez à attendre, comme les enfants le font avec leurs cadeaux. Imaginez-vous non pas découper ce que vous aimez pour l'insérer sur une liste à destination du Père Noël mais réaliser chaque achat comme si vous achetiez une voiture neuve. On choisit la couleur, on rallonge l'attente et on fait monter le désir. C'est ainsi qu'on dépense de l'argent en en profitant réellement.

Profitez de l'économie de partage : louez les produits du quotidien, les services ou les usages. Vous ferez des économies et vous serez certainement plus satisfait de vos achats car vous les ferez en tissant du lien !

Enfin, **imaginez toujours des dépenses qui seront susceptibles de générer de l'argent**. Investissez dans ce que vous aimez, dans ce à quoi vous croyez ! Promenez-vous régulièrement sur les plateformes de *crowdfunding*, suivez et développez vos investissements ! Cet argent-là (l'argent dépensé et l'argent gagné) vous apportera beaucoup de bonheur et de bien-être !

« Les seuls problèmes que l'argent peut résoudre sont des problèmes d'argent. »

Kin Hubbard

PENSÉES POSITIVES SUR L'ARGENT

" L'argent n'a pas d'idée."
Jean-Paul Sartre

" Le plus pauvre n'échangerait pas sa santé pour de l'argent, mais le plus riche donnerait tout son argent pour la santé."
Charles Caleb Colton

" L'essentiel est sans cesse menacé par l'insignifiant."
René Char

" Être l'homme le plus riche du cimetière ne m'intéresse pas. Aller me coucher le soir en me disant que j'ai fait des choses extraordinaires aujourd'hui, voilà ce qui compte."
Steve Jobs

Continuez la liste, c'est infini !

Chapitre 7

LE BIEN-ÊTRE *avec le temps*

" Plus vous saurez regarder loin dans le passé, plus vous verrez loin dans le futur."

Winston Churchill

Comment parvenir à vivre pleinement le moment présent et envisager l'avenir le plus sereinement possible ? C'est d'abord en étant en paix avec le passé ! En étant capable de le regarder, d'apprendre de ses erreurs et d'être fier de ses réussites mais aussi de ses échecs. Prendre le temps des bilans, sans être trop dur avec soi-même, nous permet de regarder le futur sereinement et d'organiser son avenir.

On me demande souvent si prendre des risques dans la vie, c'est bon pour la santé. J'aime répondre que oui, sortir de sa zone de confort au bon moment nous permet d'être souvent plus heureux ! J'aime répondre que pour avancer dans la vie il ne faut pas de nostalgie, il ne faut pas avoir peur, ce sont des sentiments liés au passé et au futur, l'avenir est dans le moment présent. Et le meilleur est toujours à venir !

« C'ÉTAIT MIEUX AVANT » : NON !

Le « c'était mieux avant » traduit les angoisses ressenties face à la disparition d'un monde qu'on a aimé et qui laisse peu à peu la place à une société différente, très numérique, qui nous fait encore peur.

La nostalgie est devenue une mode en France, elle fait vendre. Des essais politiques, des ouvrages sur l'orthographe, des vêtements, des appareils ménagers vintage et surtout un état d'esprit insupportable ! « C'était mieux avant » avec les vieilles industries dans lesquelles on a englouti à perte des milliards quand les États-Unis investissaient dans les nouvelles technologies de l'information et de la communication où elles dominent aujourd'hui dans le monde. « C'était mieux avant » sur les routes, où en 1970 on comptait 16 387 morts en un an alors que nous comptons 3 464 morts en 2015 ? J'ai grandi dans les années 1960 et j'ai le souvenir que les journées étaient interminables, les moyens de nous divertir et de nous cultiver étaient presque inexistants. Nous passions nos journées d'hiver à attendre que le temps passe et à parler des maladies de chacun. Nous avions tous dans nos familles un malade.

Le « c'était mieux avant », c'est selon moi, le degré zéro de la pensée. C'est se crisper en refusant d'apprendre de notre passé et de regarder sereinement notre futur. C'est se murer dans les regrets et l'angoisse. C'est surtout la meilleure raison de ne pas réfléchir à l'avenir, de ne pas s'adapter, de ne pas profiter du moment présent. À l'arrivée, nous avons une France pessimiste. J'ai parfois même la sensation qu'elle est aigrie, lorsque, en 2015, le sondage Ipsos pour Les Trophées du Bien-être révèle que plus d'un Français sur deux a le sentiment de passer à côté de sa vie. Je pense qu'il est temps de se réapproprier le présent et de mieux envisager l'avenir. Le temps qui passe est une opportunité, une chance, un progrès, surtout pas une menace.

POURQUOI AVONS-NOUS PARFOIS PEUR DU TEMPS QUI PASSE ?

Déjà Noël, déjà l'été, encore mon anniversaire ! Eh oui, le temps passe, parfois trop vite, et le calendrier est là pour nous le rappeler. Pour certains, il est possible d'accueillir cette fatalité avec beaucoup de philosophie, pour d'autres, cela peut être une véritable opportunité, un moyen d'apprendre, de se rapprocher de la sagesse, du meilleur, et enfin, pour quelques-uns, c'est une angoisse permanente. Dès qu'ils y pensent, leur moral est au plus bas.

> *" Un pessimiste voit la difficulté dans chaque opportunité, un optimiste voit l'opportunité dans chaque difficulté."*
>
> *Winston Churchill.*

TEST

10 QUESTIONS POUR SAVOIR SI VOUS ÊTES STRESSÉ PAR LE TEMPS QUI PASSE

1- Lorsque vous vous promenez dans la rue, vous arrive-t-il de regarder votre reflet dans les miroirs ou les vitrines ?

Rarement.
Oui très souvent.
Cela ne vous viendrait même pas à l'esprit.

2- Avez-vous une bonne mémoire ?

Cela dépend dans quel domaine.
Vous la faites travailler.
De moins en moins.

3- La majorité de vos amis :

Sont plus jeunes que vous.
Ont tous les âges.
Ont l'esprit jeune, c'est cela qui compte.

4- Dire votre âge :

Vous gêne, vous évitez.
Ne vous pose aucun problème.
Vous retournez la question : quel âge me donnez-vous ?

5- Dans une boutique de vêtements que vous appréciez :

Vous essayez plusieurs modèles, juste pour le plaisir.

Vous avez horreur d'essayer, vous restez peu de temps.
Vous prenez des bons basiques.

6- Lorsque vous regardez des photos de vous, jeune :
Cela vous amuse, vous retrouvez des ambiances, des visages, des sourires, des moments.
Cela vous intéresse, vous avez envie de regarder derrière vous et de voir votre évolution.
Cela vous attriste.

7- Vous arrive-t-il de danser chez vous, seul(e), devant la glace ?
Cela vous arrive, quand vous êtes de bonne humeur.
Jamais.
Parfois, mais c'est très rare.

8- Votre meilleure amie vous fait remarquer que vous avez de jolies rides d'expression quand vous souriez. Votre réaction :
Elle est sincère, les rides liées au sourire peuvent être très jolies et avoir du charme.
Vous filez devant la glace pour voir « encore » ces nouvelles rides.
Ah bon ?

9- Vous avez la vue qui baisse :
C'est normal ! Mais cela se corrige très bien !
Vous êtes content de pouvoir choisir une jolie paire de lunettes pour la lecture.

- Vous avez une poussée d'angoisse à chaque fois que vous le constatez.

10- Vous retournez à l'endroit où, il y a quinze ans, vous avez passé d'excellentes vacances. Tout a changé. C'est plutôt joli mais vous ne reconnaissez rien !

- Vous partez très vite avec du vague à l'âme.
- Tant mieux, c'est modernisé, vous profitez des nouveautés.
- Normal, tout évolue !

Résultats :

Une majorité de :
Le temps passe et vous en profitez

Vous ne regrettez pas le temps qui passe. Votre point de vue est très positif, vous savez profiter du moment présent, vous savez apprécier le passé. Vous considérez qu'on apprend à chaque âge, que la vie est comme le vin, elle se bonifie avec le temps ! Vous avancez progressivement, en faisant des essais et en apprenant de vos erreurs, le temps ne détruit pas, il construit ! Continuez à avancer !

Une majorité de :
Vous êtes philosophe

Vous avancez pas à pas, un jour après l'autre, une étape après une autre, une année passe après l'autre. Et vous décidez, en conséquence, de livrer vos combats sur des terrains où vous avez plus de chance de gagner la bataille ! En un mot, vous êtes philosophe ! Attention à ne pas être résigné, le meilleur reste toujours à venir, il suffit de le construire !

Une majorité de :
Vous êtes angoissé(e) par le temps

Vous avez le sentiment que les années filent très vite, trop vite. Tout est là pour vous le rappeler. Lorsque vous vous regardez dans la glace, vous voyez naître petit à petit une ride par ici, une autre par là. Vous avez la sensation de lutter pour rester jeune et énergique. Pourquoi considérer les années à venir seulement d'un côté négatif ? Votre santé vous appartient, votre vie vous appartient. Peut-être ne croyez-vous pas assez en votre valeur personnelle ? Essayez de mettre un peu plus en lumière les qualités qui font partie de vous. Et apprenez à profiter et à vivre le moment présent en toute sérénité, cela vous permettra d'éviter les regrets du passé et les angoisses du futur !

BESOIN DE TEMPS ?

Vous connaissez déjà la pyramide de Maslow et les différents niveaux de besoins des êtres humains. Certains modèles ajoutent à la pyramide de Maslow un 6e niveau : le besoin d'éternité, d'immortalité ou de temps. C'est en effet un besoin de plus en plus exprimé dans notre société. Commercialement, il se traduit par l'attirance pour les produits promettant le rajeunissement. Pour ma part, je pense que le besoin de temps est généré lorsque l'« étage » des besoins d'accomplissement n'est pas assez rempli. C'est tout simplement parce que vos réalisations ne vous conviennent pas que le besoin de temps se fait sentir.

Posez-vous une question toute simple : quel a été votre âge préféré et que feriez-vous aujourd'hui si vous aviez à nouveau cet âge ?

Ensuite, posez-vous la question suivante : pouvez-vous maintenant faire ces choses ?

Je parie que la réponse est oui ! Alors ne soyez pas nostalgique. Soyez propriétaire de votre vie et tentez ce qui vous plaît, ce qui vous motive vraiment. L'âge n'a rien à voir avec les réalisations mais la perception de votre âge peut bloquer vos réalisations. **Vous verrez que si vous vous concentrez sur vos réalisations, le besoin de temps s'effacera.**

UN TEMPS POUR TOUT : LES PAUSES ET LES RISQUES

Prendre des risques dans la vie, c'est bon pour la santé ? Faut-il sortir de sa zone de confort ?

On appelle traditionnellement la « zone de confort » l'ensemble d'activités, d'habitudes ou de comportements qui vous sont familiers et dont vous n'osez pas sortir par peur des jugements extérieurs ou de l'échec. Cette zone représente une barrière psychologique au-delà de laquelle se trouvent des défis que vous n'êtes pas certain de pouvoir relever avec succès. On y est bien, on la cherche et une fois atteinte elle nous bride, nous empêche de continuer notre croissance et notre épanouissement.

La zone de confort est un passage obligé, comme une étape nécessaire à notre croissance et sur laquelle nous nous appuyons pour faire le pas suivant.

Sortir de sa zone de confort provoquera une montée d'énergie et d'adrénaline suivie d'un sentiment de légère euphorie. Chaque expérience en dehors de votre zone de confort vous donnera le goût de recommencer et d'aller un peu plus loin. L'accumulation de ces expériences augmentera votre créativité et votre confiance. Sortir de sa zone de confort est bénéfique aussi bien au niveau personnel que professionnel. Cela peut être l'élément déclencheur d'un projet entrepreneurial ou de l'évolution de vos fonctions au travail. C'est surtout un devoir, car sortir de sa zone de confort vous permettra de vous accomplir et donc d'être heureux. Rappelez-vous que nous aussi, nous avons le devoir de « sortir de notre grotte », pour découvrir, pour nous adapter et préparer nos enfants au monde de demain, un monde qui sera différent mais encore meilleur !

SAVOIR FAIRE DES PAUSES, RALENTIR POUR RÉUSSIR : SAVOIR « CROQUER LA CAROTTE » DE TEMPS EN TEMPS

Vivre heureux, c'est aussi vivre en acceptant de savoir lâcher prise de temps en temps. C'est savoir ralentir le rythme, savoir profiter. Dans la vie, il y a des temps de conquête, des temps de pause et il faut savoir profiter des deux.

Vous savez que dans la journée le corps a un rythme biologique naturel. Comme pour le sommeil, il y a des cycles ! Eh bien, dans la vie, il y a également des cycles ! Dans la journée, vous alternez entre périodes de pleine forme, d'enthousiasme, et périodes de fatigue lorsqu'il y a une surcharge physique, mentale ou émotionnelle : c'est alors l'heure de faire la pause !

Dans la vie aussi, il y a des moments de pause qu'il faut savoir repérer, admettre, et il faut surtout les accueillir positivement et en profiter ! Nous avons tous des périodes de conquête, où le rythme est soutenu, la motivation est intense et la satisfaction est souvent quotidienne. Ces périodes arrivent un jour à une phase de plateau, il y a moins d'excitation, les journées sont moins exaltantes, plus longues. Alors, 95 % des pensées que vous avez eues dans la journée sont les mêmes que celles que vous avez eues la veille. C'est le bon moment pour faire une pause dans votre vie. Qu'elle soit professionnelle, sentimentale ou amicale.

Il existe plusieurs façons de gérer les temps de pause. On peut les percevoir comme un échec, un ralentissement ou un ennui. On a tous des amis brillants avec une très belle carrière qui sont malheureusement incapables de décrocher en vacances, de profiter, de faire autre chose que de la conquête, c'est regrettable (en plus d'être désagréable lorsque vous prenez des vacances avec eux !).

On peut aussi décider d'accueillir très positivement les moments de ralentissement en profitant de chaque instant pour se poser, regarder en arrière, être fier de ce que l'on a fait et partager ses expériences. Nous connaissons tous la métaphore de l'âne et de la carotte dans nos systèmes de motivation. Et les moments de pause sont, selon moi, le bon moment pour « croquer la carotte » et « partager la carotte ». Rien de mieux en période de transition que de prendre le temps d'emmener sa famille en vacances, de privilégier les moments un peu fous, de surprendre, de profiter de son argent, de donner aux autres…

Ces moments de pause ne sont finalement pas si fréquents ! Et en profiter, c'est aussi la garantie d'une motivation nouvelle et croissante pour une nouvelle carotte, une nouvelle phase de conquête ou un nouveau challenge.

LE MOMENT PRÉSENT

Savoir faire des pauses, c'est essentiel, cela rend heureux, cela permet surtout de se préparer à l'avenir. Mais la qualité de notre vie est directement liée à notre capacité à apprécier le moment présent. On peut avoir une famille formidable, une très belle carrière et être malheureusement incapable de ressentir le bonheur car nous n'arrivons pas à apprécier l'essentiel du moment présent. Chaque moment présent a une texture, une saveur particulière. En étant incapable de l'apprécier, le futur ne sera ni pire ni meilleur, il sera toujours insipide. Les sentiments comme le regret, le remords, la culpabilité, le tourment appartiennent au passé et l'anxiété, le stress, l'angoisse sont reliés au futur. Pour vivre en paix avec le temps et ressentir plus de sérénité, il est nécessaire de savoir profiter du moment présent.
Cherchez la compagnie de personnes qui vivent pleinement chaque moment. En général, ces personnes sont bienveillantes, elles savent apprécier les choses davantage que la plupart des êtres humains et elles sont le plus souvent très déstressantes. Lorsqu'elles sont avec vous, elles pensent à vous, elles sont concentrées sur ce que vous partagez ensemble.

Prenons l'exemple des repas, une personne qui sait apprécier le moment présent va goûter, commenter

la saveur, la texture, l'accompagnement… Elle sera à votre écoute et saura retirer le meilleur du repas. Aujourd'hui la plupart de nos repas sont pollués par les interactions avec les téléphones portables. Une personne qui sait apprécier le moment présent ne sortira pas son portable à table ! C'est peut-être un bon moyen de la repérer pour passer du temps avec elle. Cela sera très inspirant !
Les enfants sont également des champions pour vivre dans l'instant, ils n'ont pas peur de l'avenir. Quand ils jouent, ils sont concentrés à 100 % sur leurs jeux. Le contact des enfants est très positif pour savourer le moment présent.

Dix trucs pour apprendre à profiter du temps présent

1- **Aménagez des moments** où vous êtes totalement déconnecté(e).

2- **Écrivez** ce qui vous passe par la tête pendant 20 minutes.

3- **Faites une chose à la fois**.

4- **Fermez les yeux** : votre esprit bouillonne ? Prenez le temps de fermer les yeux pour vous couper du monde et prenez une dizaine de profondes respirations.

5- **Concentrez-vous sur ce que vous faites**, répétez : « Je prends du temps pour moi pour faire une promenade », « Je suis en train d'écrire un e-mail très important ».

6- **Entourez-vous de citations**. Collectionnez les belles pensées sur des Post-it sur votre bureau, sur des tableaux Pinterest…

7- **Écoutez votre chanson préférée**. Placez vos écouteurs sur vos oreilles et écoutez votre chanson préférée autant de fois que vous voulez avant de revenir dans le moment présent.

8- **Dégagez de l'espace autour de vous**, aussi bien physiquement que mentalement. Faites le tri et le ménage dans ce qui vous entoure et ce qui encombre votre vie.

9- **En marchant, ralentissez le pas** et prenez conscience du contact de vos pieds sur le sol.

10- **Pratiquez la gratitude** en remerciant pour ce que vous avez et ce que vous vivez, remerciez-vous également.

RÉAPPRENDRE À ÊTRE EN PAIX AVEC LE TEMPS

• **Rapprochez-vous de la nature :** regardez les saisons et l'effet des saisons sur la vie. Cela vous permettra de rester connecté au temps réel. Je suis toujours surpris de voir comme certaines personnes nient l'existence des saisons comme si elles n'avaient pas de prise sur leur vie. Elles peuvent porter un costume lorsqu'il fait 29 °C, mangent la même chose été comme hiver. Les saisons nous rappellent la valeur du temps, la nécessité des pauses en alternance avec la conquête. Les saisons nous permettent de mieux nous connecter au moment présent en sachant apprécier le meilleur de chaque période.

Faites l'exercice : prenez un moment pour lister ce que vous préférez dans chaque saison, les fleurs, les fruits, les couleurs, les odeurs :

Printemps : ....

....

Été : ....

....

Automne : ....

....

Hiver : ....

....

- **Déplacez votre focus personnel :** en cas de doutes et de pensées envahissantes qui concernent le passé ou l'avenir, modifiez votre focus ! Engagez une interaction sérieuse et intéressante avec quelqu'un. Appelez un(e) ami(e), interpellez un collègue, discutez avec votre conjoint… Ne lui parlez pas de vous, mais parlez-lui de lui, de sa journée et écoutez-le ! Décentrez-vous, vous y verrez plus clair !

• **Prenez conscience de ce qui se passe au niveau de chacun de vos cinq sens :** les éléments tactiles, les sons, les odeurs, les goûts et tout ce qui touche au visuel. En apprenant à écouter vos sens, vous reprenez le dessus sur votre mental, qui lui, vous entraîne dans le passé et le futur. C'est une des bases des exercices de méditation, aussi connue comme la « pleine conscience ». C'est également un des piliers fondateurs du bouddhisme. Et c'est simple à réaliser : quelques minutes par jour à chaque fois que le temps présent nous échappe.

EN PRATIQUE

INITIATION À LA MÉDITATION

Fermez vos yeux (après avoir lu ces instructions), et concentrez-vous sur votre respiration : la sensation de l'air qui entre dans votre nez ou votre bouche et remplit vos poumons, puis qui en ressort. Si d'autres pensées viennent, soyez-en conscient, reconnaissez-les, puis laissez-les partir (mais ne les forcez pas à partir). Ensuite, focalisez-vous sur votre respiration.

• **Perdez-vous dans une tâche, cherchez le *flow*** (« flux ») : nous connaissons tous cet état, lorsque l'on est perdu dans le fait d'accomplir une tâche, un projet passionnant ou un loisir préféré. Nous ne sommes pas perdus dans nos pensées mais perdus dans la tâche elle-même. Vous étiez alors pleinement concentré, vous ne pensiez à rien d'autre. Le monde a disparu. Cet état d'esprit s'appelle le *flow*. Il est essentiel, il nous fait beaucoup de bien. Essayez de vous rappeler un moment comme celui-là et reproduisez-le !

• **Osez !** Vous allez me dire comment faire pour ne rien regretter ? Je répondrai qu'il faut décider de tout. Vos choix ne sont pas nécessairement parfaits et les choses ne tournent pas toujours comme vous le souhaitez mais si c'est le fruit d'une décision qui selon vous était la meilleure, alors vous ne regretterez pas. Je crois aussi qu'il faut être fier de ses échecs et de ses réussites. Dans chaque situation, il y a une leçon positive à tirer. N'ayez pas peur, tentez des choses, expérimentez, décidez et agissez, c'est l'indécision qui donne des regrets.

" Stay hungry...
Stay foolish."
(" Soyez insatiables...
soyez fous.")

Steve Jobs

PENSÉES POSITIVES SUR LE TEMPS

*" En suivant le chemin
qui s'appelle plus tard,
nous arrivons sur la place qui s'appelle jamais."*
Sénèque

" Un pas à la fois me suffit"
Mahatma Gandhi

*" L'échec est seulement l'opportunité de
recommencer d'une façon plus intelligente."*
Henry Ford

" Si vous pouvez le rêver, vous pouvez le faire."
Walt Disney

*" C'est à l'âge de 10 ans que j'ai gagné
Wimbledon pour la première fois...
dans ma tête."*
André Agassi

Que fais-tu aujourd'hui ?
Je profite de la vie !
Mais t'as pas déjà fait ça hier ?
Si, mais je n'ai pas fini

Chapitre 8

LE BIEN-ÊTRE 2.0

"Innover, ce n'est pas avoir une nouvelle idée mais arrêter d'avoir une vieille idée."

Edwin Herbert Land

Saviez-vous qu'il existe aujourd'hui plus de 100 000 applications de santé disponibles pour votre Smartphone ? Environ 40 % sont des applications médicales et 60 % d'entre elles sont consacrées au bien-être, qui est maintenant devenu aussi important que de bien manger ou de bien bouger. Toutes ces technologies participent au mouvement de la « quantification de soi ». Elles permettent plus que jamais de faire de chacun de nous un acteur de notre santé, de pouvoir maîtriser et améliorer notre corps et notre bien-être.

La révolution des nouvelles technologies au service de la santé est passionnante, que l'on parle des innovations pour suivre les constantes des bébés, des podomètres, de la réalité augmentée au service de la chirurgie ou encore des impressions d'organe en 3D voire en 4D... Lorsque les nouvelles technologies s'appliquent au monde médical, elles participent à créer un homme « amélioré ». Comme toutes les révolutions, elles s'accompagnent de nouvelles limites que je veux partager avec vous pour vous aider à définir votre « bien-être 2.0 ».

« DO YOU SPEAK E-SANTÉ ? »

Les articles et les publications scientifiques qui concernent les nouvelles technologies et la santé foisonnent d'un nouveau langage pouvant déconcerter les non-initiés. Commençons donc par un lexique :

- **La m-santé** : la santé mobile ou e-santé ou santé connectée. Il s'agit de tous les services touchant de près ou de loin à la santé, disponibles en permanence *via* un appareil mobile connecté à un réseau ; les plus répandus auprès du grand public étant les Smartphones ou encore les tablettes informatiques. La Fondation des Nations unies a même détaillé la définition de la m-santé avec les six catégories d'applications dans le domaine de la santé mobile :
  1- Éducation et sensibilisation ;
  2- Téléassistance ;
  3- Diagnostic et traitement de soutien ;
  4- Communication et formation pour les professionnels de santé ;
  5- La maladie et le suivi d'une épidémie ;
  6- La surveillance et la collecte de données à distance.

- **Le patient 2.0 ou e-patient** : le terme d'« e-patient » a été créé par le Dr Thomas Ferguson, un médecin et écrivain américain. Il définit l'e-patient comme étant *engaged* (impliqué dans sa prise en charge), *equipped* (éduqué/informé sur sa maladie), *enabled* (se donne les moyens d'agir) et *empowered* (investi d'un certain pouvoir, celui de décider). Ce n'est pas un patient expert mais c'est un patient responsable, actif, informé et connecté.

• **Self-care** : littéralement en français « prendre soin de soi-même », qui désigne le processus par lequel une personne agit pour son propre compte, pour la promotion de sa santé, la prévention ou la gestion d'une maladie.

• **Quantified-self** : on parle également de **Self-Tracking**. C'est la quantification des données sur soi-même. Cela consiste à faire de son propre corps un objet sous observation constante, même en absence de maladie, grâce à des outils spécifiques. Les outils du *quantified-self* peuvent être des objets connectés, des applications mobiles ou des applications Web.

QUELQUES CHIFFRES SUR LES NOUVELLES TECHNOLOGIES AU SERVICE DE LA SANTÉ

• Quelque 50 % des mobinautes auront au moins une application santé en 2017.

• Plus de 100 000 applications de santé sont aujourd'hui disponibles, dont 40 % sont médicales (suivi des maladies chroniques, glycémie, base de données médicamenteuses…) et 60 % sont consacrées au bien-être (sommeil, podométrie, tension…).

- Le marché mondial des applications mobiles de santé passera de 1,3 milliard de dollars en 2013 à 10,2 milliards de dollars en 2018.

- Les applications de bien-être sont plébiscitées : 50 millions d'utilisateurs d'applications de perte de poids, 26,5 millions pour celles de fitness, 10,5 millions pour la santé au féminin, 8 millions pour le sommeil et la méditation…

- Les utilisateurs sont de plus en plus méfiants sur le sort de leurs données de santé une fois collectées : 40 % des applications santé payantes n'ont pas de politique de confidentialité et 30 % envoient des données à des tiers sans en informer l'utilisateur…

- Les médecins sont de faibles prescripteurs de ces applications, seulement 4,1 % les recommandent.

- Il existerait 15 millions d'objets connectés dans le monde, on en prévoit 200 milliards d'ici à 2020.

GRÂCE À LA SANTÉ 2.0, NOTRE SANTÉ NOUS APPARTIENT

Quand on pense à la santé connectée, on pense immédiatement à son téléphone ou plus récemment à sa montre mais ce qui fait l'objet connecté, la santé 2.0, ce sont les biocapteurs. Les biocapteurs sont de plus en plus présents, y compris dans des endroits insolites. De la perruque connectée de Sony, la SmartWig, pour surveiller le rythme cardiaque, au tee-shirt d'OMSignal qui surveille le pouls, la transpiration, le rythme cardiaque ou encore à la ceinture Lumo Back qui enregistre tous les mouvements et vibre lorsque l'on adopte une mauvaise position, en passant par le soutien-gorge, les draps ou les chaussettes, les textiles de demain seront tous des textiles intelligents équipés de biocapteurs. Des sociétés françaises comme Cityzen Sciences en sont expertes. Les capteurs se positionneront également directement dans le corps, c'est déjà le cas avec les tatouages Electronic Tattoos, composés d'une simple membrane de silicone à l'intérieur de laquelle sont intégrés les différents composants, capables de capter la plupart des signaux vitaux (pouls, température, etc.).

Le plus important avec les biocapteurs est qu'ils nous permettent d'analyser plusieurs mesures physiologiques et contribuent donc à nous aider à nous « surveiller ». Grâce aux biocapteurs, nous entrons individuellement dans le mouvement du *self-tracking*, nous devenons acteur de notre santé. Dans le domaine de la nutrition et du bien-être, les bénéfices des différentes technologies permettant le *self-tracking* ont déjà été démontrés plusieurs fois. Des études existent sur l'intérêt du podomètre. En effet, le processus est simple, chaque jour, en archivant nos données, on souhaite naturellement les améliorer et on adopte alors simplement un mode de vie qui deviendra pour certains un réflexe et qui nous poussera à faire un peu plus chaque jour. L'ensemble des données archivées par ces outils permet à l'utilisateur de créer des minichallenges avec lui-même et donc d'améliorer petit à petit son comportement. On peut faire évoluer simplement de petits paramètres qui, mis bout à bout, nous apportent plus de bien-être. On peut se comparer facilement à soi-même et apprécier ses progrès, même mimines. Le partage des données avec la communauté d'utilisateurs nous permet également de renforcer notre motivation, à condition de continuer à nous comparer à nous-même et non aux autres. Grâce à la santé connectée, plus que jamais, notre santé nous appartient.

LES LIMITES DES NOUVELLES TECHNOLOGIES AU SERVICE DU BIEN-ÊTRE

Il y a capteurs et capteurs… Je souhaite attirer votre attention sur le fait que les applications évoquées ci-dessus sont des applications dites « de loisirs ». Elles doivent vous aider au quotidien à prendre de meilleures décisions pour votre bien-être. Ce ne sont pas des aides au diagnostic et encore moins des médecins virtuels. Que se passe-t-il si l'application logicielle que vous utilisez est très bonne, mais que le téléphone que vous utilisez est, lui, doté de capteurs qui ne le sont pas, faussant les mesures réalisées ? Qui vous en informe ? Qui est responsable ? Vous, utilisateur inconscient ? Le développeur de l'application ? Le constructeur du Smartphone ? Vers qui se retournera la famille d'un coureur mort d'un arrêt cardiaque parce que son téléphone lui indiquait que son rythme cardiaque était optimal, alors qu'il était en arythmie ?

Prenons l'exemple des applications qui permettent d'observer les mélanomes : si la plupart de ces applications font penser à un dispositif médical, elles n'en sont pas. Elles n'ont qu'un but éducatif. Elles ne dispensent pas d'une consultation. Si une application de ce type propose une aide au diagnostic ou indique de consulter, alors il reviendrait au fabricant de faire la démonstration de sa validité : les critères de luminosité, de précision d'image nécessaire et suffisante au bon fonctionnement de son application. Des chercheurs du centre médical de l'université de Pittsburgh ont testé quatre applications de diagnostic du cancer de la peau et trois d'entre elles ont raté un tiers des mélanomes qui leur étaient soumis.

Autre exemple à propos des activités physiques, selon une étude américaine dirigée par une équipe du Colorado et parue en 2013 dans *Medicine & Science in Sports & Exercise*, concernant les capteurs de remise en forme : s'ils savent être fiables pour le sport à haute intensité, ils ne savent pas mesurer des activités de plus faible intensité, comme faire le ménage ou faire les courses… Certains capteurs de poignets ne mesurent aucune activité quand on fait du vélo d'appartement et que vos bras ne bougent pas ! En effet, la plupart des marques de capteurs utilisent des algorithmes et des formules qui n'ont pas été testés dans des laboratoires indépendants et comme leurs formules ne sont pas disponibles, il est donc impossible de savoir comment ils saisissent les informations.

Il faut donc rester vigilant sur la pertinence des informations recueillies et veiller à utiliser ces applications le mieux possible et surtout faire clairement la différence entre les applications de loisirs, qui doivent être une assistance au suivi des données, et les applications de support médical, qui ne remplacent en rien une consultation et un diagnostic médical, mais qui peuvent aider à l'observance et au partage des données.

LE SAVIEZ-VOUS ?

Aux États-Unis, la Food and Drug Administration (FDA), chargée d'homologuer les dispositifs de santé, a créé trois catégories :

- Celle des applications non réglementées, où l'on retrouve l'essentiel des applications ;

- Celle des applications « centrées sur la maladie », qui fonctionnent comme des calculateurs professionnels permettant par exemple de mesurer sa pression artérielle, ou qui apportent un soutien pour les patients qui souffrent d'une maladie cardiovasculaire, d'hypertension, de diabète ou d'obésité ;

- Et enfin les applications réglementées, qui régissent les dispositifs médicaux qui pourraient causer des dommages aux patients s'ils s'avéraient défectueux, comme les pompes à perfusion.

Sur 43 000 applications de santé disponibles en 2013, seulement 103 ont été validées par la FDA.

UNE UTILISATION AVANTAGEUSE POUR DEUX TYPES DE POPULATION

Dans le domaine à part des applications et nouvelles technologies médicales, deux types de sujets sont particulièrement intéressants : ce sont les patients atteints de pathologies chroniques, pour l'observance des traitements, et les personnes âgées, pour le maintien à domicile.

POUR LES PATIENTS ATTEINTS DE PATHOLOGIES CHRONIQUES

On compte plus de 150 millions de patients chroniques dans le monde et 15 millions en France. Parmi eux, une majorité a des ordonnances complexes. La plupart sont âgés de plus de 80 ans, même si de plus en plus de patients jeunes sont concernés. On s'étonne souvent de la non-observance des traitements. Seulement de 40 à 50 % des gens qui prennent un traitement chronique suivent leur traitement. Pourquoi ? Parce que les traitements ont une durée indéterminée et il est difficile de penser qu'un patient à qui le médecin dit une fois « Voici votre ordonnance… » va suivre son traitement au pied de la lettre toute l'année.

À travers des objets simples comme les piluliers électroniques, le suivi des prises pourra être connecté au médecin ou à la famille et comparé à la prescription. Ces outils permettent également un partage d'informations plus simple ainsi qu'un soutien entre malades d'une même communauté.

LES PERSONNES ÂGÉES

De nombreuses recherches sur cette thématique existent. Entre 2000 et 2050, le nombre de personnes âgées de plus de 80 ans dans le monde sera multiplié par quatre pour atteindre 400 millions, selon l'Organisation mondiale de la santé.

Le cœur des recherches se situe dans le maintien à domicile à travers des technologies permettant le suivi complet à distance des personnes âgées. L'habitat sera au centre du dispositif et sera équipé de capteurs de mouvements et de suivi des données de santé comme le pouls, la fréquence cardiaque... Le tout sera relié à la famille, au médecin ou à de nouvelles plateformes de santé spécialisées dans ce domaine. À l'avenir, en plus d'un abonnement classique à une « box » pour avoir la télévision, Internet et le téléphone, on souscrira une « box santé » dans toutes les familles avec des personnes âgées ou des personnes cardiaques. En France, Orange Healthcare a bâti un projet pilote concernant également le suivi des pacemakers, en collaboration avec Sorin, leader dans le domaine des appareils traitant les maladies cardiovasculaires. Ceux-là sont capables de transmettre toutes leurs données à un boîtier Orange placé au sein de la maison du patient, données qui seront transmises directement au médecin. Ainsi la détection d'une anomalie se fait rapidement. Reste un des grands challenges spécifiques aux personnes âgées, qui est de rendre utilisables et compréhensibles les interfaces d'utilisation de ces technologies… C'est aussi un grand chantier de recherche à part entière.

LES NOUVELLES TECHNOLOGIES AU SERVICE DE LA MÉDECINE ET DE LA SANTÉ : UNE MÉDECINE PRÉDICTIVE, UNE MÉDECINE PERSONNALISÉE

Les nouvelles technologies de l'information et de la communication ont investi le champ médical et s'apprêtent à révolutionner le monde du diagnostic et de la recherche. En effet, la collecte des données nouvellement générées par le phénomène du *self-tracking* ou encore par les tests génétiques sur le Web contribue à nourrir les gigantesques bases de données appelées Big Data. La bonne exploration du Big Data médical permettra une nouvelle médecine, plus personnalisée et plus prédictive.

LES TESTS GÉNÉTIQUES SUR LE WEB

Le projet « Génome humain » est un programme entrepris en 1990 dont la mission était d'établir le séquençage complet de l'ADN du génome humain.

Son achèvement a été annoncé le 14 avril 2003. Ce projet a coûté presque 2,5 milliards de dollars.

Aujourd'hui, grâce aux services des tests génétiques en libre accès sur Internet, on peut faire la cartographie complète de son génome en trois semaines pour moins de 300 dollars. L'entreprise 23andMe est devenue leader mondial du décryptage de l'ADN en promouvant le partage des données sur un réseau social spécifique qui permet à l'internaute de s'informer sur sa prédisposition à une maladie (comme la maladie de Parkinson), ou plus simplement sur les traits génétiques qui déterminent la couleur des yeux. Dans plusieurs années, nous aurons peut-être tous notre génome entier stocké sur notre carte Vitale. La façon dont le médecin formulera son diagnostic sera forcément différente, mais la façon dont nous consulterons le médecin également. En effet, grâce à une bonne utilisation des données du génome, nous n'irons peut-être plus chez le médecin pour nous soigner mais uniquement pour éviter d'être malade.

LE BIG DATA MÉDICAL

Le Big Data, ce sont d'innombrables masses de données stockées, issues de tous nos va-et-vient technologiques. Parmi toutes ces données, certaines concernent l'histoire médicale de chacun. Les données numériques du Big Data proviennent en partie de l'utilisation d'appareils connectés aux réseaux de téléphonie mobile et à Internet. Ainsi, les Smartphones, tablettes et ordinateurs transmettent des données relatives à leurs utilisateurs lors des actions suivantes : émission de signaux GPS des Smartphones, navigation Internet, utilisation des moteurs de recherche, messages laissés sur les réseaux sociaux, téléchargements et utilisations d'applications, publications en ligne de photos et vidéos, achats sur des sites de vente en ligne, etc. De la même manière, les cartes bancaires transmettent des données lorsqu'elles sont utilisées pour des retraits ou des paiements, par exemple. En dehors des objets connectés, les données du Big Data proviennent de sources très diverses : données démographiques, données scientifiques et médicales, données de consommation énergétique, données issues de l'utilisation des réseaux de transports, de la fréquentation des lieux publics, etc.

Ces données sont extraites à partir d'algorithmes et de machines surpuissantes pour pouvoir rendre l'information utilisable. L'utilisation du Big Data médical va révolutionner la médecine. Cela favorisera une médecine préventive et personnalisée. Tout d'abord, l'analyse à grande échelle, à partir des données de milliers de patients, va permettre de parvenir à une nouvelle classification des pathologies, dont les cancers. Ensuite, l'analyse des recherches des internautes sur un moteur de recherche va permettre de détecter plus rapidement l'arrivée d'une épidémie de grippe, par exemple, grâce à la convergence des recherches sur les mêmes symptômes. Concernant les médicaments, on pourra grâce aux données des patients mieux comprendre comment ils fonctionnent et prendre en compte avec plus d'efficacité la « susceptibilité individuelle ». Enfin, le Big Data permettra d'énormes progrès dans la recherche médicale. Les études cliniques seront totalement différentes, réalisées sur des populations plus larges, ce qui permettra de récolter des informations plus fiables.

L'IMPRESSION 3D ET 4D : VERS UNE MÉDECINE RÉGÉNÉRATRICE

En 2015, l'impression 3D a fêté ses trente ans d'existence. Elle a fait son entrée en biologie depuis quelques années, et sert déjà concrètement à fabriquer des structures inertes biologiquement, pouvant servir de prothèse. En août 2015, le petit Maxence, âgé de 6 ans, devenait le premier enfant en France à recevoir une prothèse imprimée en 3D. Cette prothèse n'était pas révolutionnaire, voire techniquement plutôt rudimentaire comparée au niveau des recherches actuelles. Ce qui change, en revanche, c'est la facilité avec laquelle ce type de dispositif peut être produit, et donc son faible coût (de 50 à 200 euros). On estime que 2 millions de personnes dans le monde ont une main amputée. Une très faible minorité possède une prothèse. Fin 2015, la start-up britannique Open Bionic et Disney se sont associés pour proposer des prothèses robotiques réalisées en impression 3D aux couleurs des personnages favoris de *La Reine des neiges*, d'*Iron Man* ou de *Star Wars*. Ces prothèses permettent aux enfants de faire de leur handicap un super-pouvoir. C'est une jolie innovation lorsque l'on sait que la plupart des prothèses, même pour enfant, tentent d'imiter de manière réaliste le membre amputé. Ainsi elles transforment une contrainte en jeu et changent le regard que les enfants portent sur leur corps.

Les scientifiques voient encore plus loin en posant dès aujourd'hui les premiers jalons de l'impression 4D. Les chercheurs du MIT (Massachusetts Institute of Technology) et de l'université Harvard ont de nombreux projets en route. L'impression 4D est une version évoluée de l'impression 3D. En plus de s'inscrire dans les trois dimensions habituelles, l'impression 4D explore une dimension supplémentaire, celle du temps. Un objet imprimé en 4D possède en effet une nature qui le fait évoluer, se transformer, au fil du temps. Grâce à l'utilisation de matériaux programmés pour onduler, se déplacer, s'autoassembler, grandir ou encore changer de couleur dès lors qu'ils sont soumis à des stimulations électriques, des variations de température, de luminosité ou encore d'humidité. Dans le secteur médical, où l'impression 3D avait déjà permis une minirévolution pour les implants et prothèses, l'impression 4D permet d'envisager des applications comme l'impression de valves cardiaques.

L'impression 3D vient aussi de connaître une nouvelle avancée majeure, début 2016. Dans un article publié dans *Nature Biotechnology*, les chercheurs de Wake Forrest ont montré comment imprimer en 3D des organes vivants et complets.

LES CONNEXIONS CERVEAU-PROTHÈSE

En janvier 2013, un Suédois amputé du bras droit a été la première personne à bénéficier d'une prothèse d'un genre bien particulier : celle-ci se greffe directement sur l'os et est connectée à ses nerfs et muscles, de façon à être contrôlée par la pensée. Au contraire des prothèses courantes, les électrodes ne sont pas posées sur la peau mais sur le nerf. Cela permet des mouvements plus précis avec plus de degrés de liberté. Une technique appelée « ostéo-intégration ». Près de deux ans plus tard, cette prouesse technique a fait l'objet d'une publication parue en octobre 2015, dans la revue *Science Translational Medicine*, et le patient a pu reprendre son métier de chauffeur.

Le 12 juin 2014, Juliano Pinto, âgé de 29 ans, a donné le coup de pied inaugural de la coupe du monde de football devant des dizaines de milliers de spectateurs de l'Arena Corinthians, le stade de São Paulo. En quoi ce coup de pied était-il exceptionnel ? Juliano Pinto est paralysé des membres inférieurs. Il a pu donner le coup d'envoi du match d'ouverture grâce à un « costume » robotique. Ce costume, appelé « exosquelette », enveloppait ses jambes et était commandé par des signaux électriques provenant de son cerveau. Des électrodes captaient les signaux normalement acheminés vers les muscles, et un ordinateur convertissait ceux-là en commandes destinées aux moteurs. Le tireur a pensé à son pied tapant le ballon, puis, 300 millisecondes plus tard, le pied robotique de l'exosquelette a frappé le ballon. C'était un pas de géant dans l'histoire des interfaces cerveau-machine dont malheureusement nous n'avons que très peu parlé !

LE SAVIEZ-VOUS ? DEMAIN, NOUS POSSÉDERONS UNE IMPRIMANTE ALIMENTAIRE 4D

Le principe d'une imprimante alimentaire 4D est similaire à celui d'une imprimante 3D traditionnelle : l'imprimante dépose des ingrédients sur un support, couche après couche, permettant de concevoir un plat. Mais la quatrième dimension de cette impression réside dans la connexion entre vos besoins analysés par vos *trackers* d'activité et les valeurs nutritionnelles du produit imprimé. Par exemple, quand vous demanderez à votre imprimante une purée de carottes, l'imprimante se connectera automatiquement à vos *trackers* d'activité pour connaître les niveaux de vos besoins en nutriments. Si vous avez pratiqué une heure de marche rapide juste avant votre repas, l'imprimante se chargera d'augmenter les valeurs énergétiques de votre purée.

" L'innovation consiste à dire non à des milliers de choses."

Steve Jobs

ATTENTION À TROP DE CONNEXION

CONNAISSEZ-VOUS LE FOMO OU SYNDROME FOMO ?

Le Fomo (*fear of missing out*) ravage ceux qui sont accros aux réseaux sociaux : c'est l'angoisse de manquer quelque chose là où on n'est pas et donc aussi l'obligation compulsive de relater toute son existence (ou plutôt le meilleur de son existence, farouchement mis en scène) pour convaincre la communauté (et se rassurer soi-même) que l'on vit des choses formidables. Une des conséquences du syndrome Fomo, c'est cette impression très désagréable de « passer à côté de sa vie » parce que celle des autres a l'air « mieux ». Une autre conséquence du Fomo est le phénomène de « surbooking » qui peut aboutir au surmenage. Dans la vie privée, on accepte plusieurs soirées le même jour et on fait des apparitions éclairs à chacune d'elles. Au travail, le surbooking se manifeste par la multiplication d'engagements et de tâches plus ou moins utiles, la « réunionite », la participation à une foule de rendez-vous et autres conférences loin d'être indispensables, par crainte de manquer l'information qui compte, le bon client, le projet innovant. Personnellement ou professionnellement, le surbooking empêche de fixer l'attention sur l'instant vécu, et vous le savez maintenant, la non-aptitude à savoir vivre le moment présent nous rend moins heureux.

TEST

ÊTES-VOUS SENSIBLE AU FOMO ?

☐ À chaque fois que vous êtes en soirée ou au restaurant, vous faites des *selfies*.

☐ Vous regardez vos *selfies* en boucle le lendemain et comptez vos *likes*.

☐ Vous savez que Kim Kardashian avait plein de faux abonnés Instagram (on lui en a supprimé environ 1,3 million).

☐ Vous avez visité la dernière exposition du Centre Pompidou avec votre tablette à bout de bras pour photographier l'installation.

☐ Quand vous faites une invitation chez vous, avant l'arrivée des premiers invités, vous photographiez le buffet.

☐ Vous êtes un pro de X-PRO II et LO-FI (ce sont deux filtres Instagram qui font le ciel et les yeux plus bleus).

☐ Vous observez l'emploi du temps de vos amis en croisant les photos Instagram et ce qu'ils vous racontent au téléphone.

☐ Vous connaissez votre sourire spécial *selfie*, vous savez comment arranger vos cheveux.

☐ Quand vous êtes seul(e) au déjeuner, vous observez le déjeuner de vos amis pour savoir qui est où.

☐ Quand vous sortez, vous savez d'un coup d'œil si la lumière vous mettra en valeur ou non sur les photos.

☐ Vos photos préférées sont surtout en été avec un très beau ciel bleu.

☐ Il vous arrive de modifier la date de vos photos pour inventer un « faux événement ».

☐ Vous savez qu'on peut acheter des *followers* sur Instagram.

☐ Vous êtes très embêté(e) au théâtre ou à l'opéra parce que les appareils photo sont interdits.

Vous avez coché plus de 7 cases : Attention ! Le Fomo vous guette ! Prenez des mesures correctives et vivez l'instant présent ! Comment ?

D'abord, prenez conscience que non, le monde n'est pas peuplé de personnes qui mènent des vies tellement plus excitantes que la nôtre. Tout le monde va faire les courses, reste coincé dans les embouteillages, cherche ses clés pendant dix bonnes minutes par jour… Ce genre d'activités ne donne lieu à aucune photo et pourtant elles sont présentes dans la vie de tous. Ce que l'on poste de soi sur Facebook ou Instagram n'est qu'une projection du meilleur de ce que l'on vit, ce n'est pas la vie. En pensant sans cesse aux autres et à leur quotidien, à chaque fois que vous êtes quelque part, vous êtes potentiellement relié à un ailleurs géographique, affectif ou professionnel. En étant ici et ailleurs, seul et avec quelqu'un d'autre, vous vous épuisez, vous avez toujours un sentiment de frustration.

Mes conseils pour éviter le Fomo

Laissez-vous le temps de penser et de vivre sans paniquer à l'idée de ce que vous devriez être en train de « faire ».

Concentrez-vous sur le présent. Le vôtre, pas celui de votre entourage, de vos amis ou de vos collègues.

Faites une seule chose à la fois et ainsi évitez de vous disperser.

Définissez des tâches, et insérez les moments de connexion uniquement entre les tâches, pas pendant.

Coupez votre téléphone une heure par jour, faites des pauses de connexion : pendant le café au bureau, pendant le goûter avec les enfants ou pendant les repas.

CONNAISSEZ-VOUS LE TERME « E-RÉPUTATION » ?

L'e-réputation est une représentation que les internautes vont se constituer en fonction des flux d'informations qu'ils rencontrent sur le Net. Chaque internaute ou chaque communauté peut donc se faire sa propre représentation de la réputation numérique d'une marque, d'une personne ou d'une entreprise. On parle souvent de l'e-réputation d'une entreprise, d'un hôtel ou d'un restaurant. Celle-là peut être totalement fabriquée grâce à des faux avis de consommateurs, des achats de faux fans sur les réseaux sociaux, des compteurs de vues YouTube trafiqués, des cyberattaques ou encore NSEO, technique pouvant « descendre » un site concurrent… La gestion et la maîtrise de sa réputation numérique sont devenues une préoccupation majeure pour les entreprises et certaines sociétés en ont fait un métier.

J'attire votre attention sur le fait que l'e-réputation est aussi importante pour les personnes, en particulier les enfants et les adolescents. En fonction des données que vous rendez publiques sur les différents réseaux sociaux, on peut vous connaître sans vous avoir jamais rencontré. Par exemple, on commence par votre compte Facebook, on connaît vos amis, vos centres d'intérêt et vos habitudes. En épiant le compte de vos amis proches, on peut deviner votre emploi du temps, vos soirées ou vos activités. On peut également très facilement pister le mode de vie de vos enfants. En consultant votre compte Instagram, souvent couplé au compte Facebook, on observe vos goûts, vos derniers achats, votre intérieur, vos vacances… Un futur employeur peut facilement définir votre e-réputation, mais, plus grave, une personne mal intentionnée peut vous connaître sans vous avoir jamais vu ou parlé.

En Grande-Bretagne, le versement des allocations chômage est soumis à plusieurs conditions dont le fait de ne pas sortir du pays. On considère que les chômeurs ne sont pas en congés mais en recherche active d'emploi et que cette recherche est indemnisée par la collectivité. Un service entier est donc destiné à l'observation et au suivi de la vie des chômeurs à travers les réseaux sociaux. On traque des vacances, des loisirs, des dépenses qui ne sont pas en corrélation avec une vie de chercheur d'emploi. Au moindre faux pas, les allocations chômage sont suspendues.

LE RESPECT DE LA VIE PRIVÉE : ATTENTION AU PARTAGE DES DONNÉES !

Saviez-vous que, selon *Bloomberg*, en septembre 2014, Apple aurait approché deux grandes compagnies privées d'assurance santé américaines pour voir comment leurs contrats d'assurance santé pourraient évoluer en utilisant les données de Health, l'application de santé intégrée au système d'exploitation d'Apple ? Allons-nous vers des contrats d'assurance sur mesure, suspendant des remboursements de frais médicaux si vous ne marchez pas 30 minutes par jour ?

Êtes-vous vigilant lors du téléchargement de vos applications quant au fait que vous autorisez le partage d'informations ? Cette question se pose pour les applications de santé, mais pas seulement, vos déplacements, vos habitudes d'achats sur Internet sont enregistrés et nourrissent des bases de données appelées Big Data. Chacun doit en être conscient et choisir d'autoriser ou pas le partage de données.

LES CHALLENGES DE DEMAIN

Les nouvelles technologies appliquées à la santé constituent un monde passionnant où il est difficile de ne pas devenir geek tellement il est actif. Rêvons toutefois d'un futur avec moins de gadgets exclusivement orientés sur le *quantified-self*, déjà très complet, mais plutôt dirigé vers les populations qui en ont le plus besoin : les malades de longue durée, ceux atteints de pathologies chroniques et les personnes âgées. Rêvons également d'un monde où tous les capteurs utilisés seront homologués pour une collecte fiable d'informations.

« Une personne qui n'a jamais fait une erreur n'a jamais essayé d'innover. »

Albert Einstein

Tu sais, tu es vraiment drôle, je te préfère en vrai par rapport à la version Instagram de toi !
Ah oui ? c'est bizarre parce que je fais vraiment tout pour être au top dans ma version Instagram.

Chapitre 9

LE BIEN-ÊTRE *et la culture*

« *Le grand art d'être heureux n'est que l'art de bien vivre.* »

Jean-Louis Guez De Balzac

On connaît déjà les vertus du rire mais saviez-vous que se cultiver, avoir accès à l'art et en profiter a aussi des effets sur le bien-être ? Comment, me direz-vous ? Les études scientifiques sur le sujet ne manquent pas, les vertus de la musique, de l'opéra, de la vie culturelle en général ont été très bien mises en avant. Les études démontrent que la vie culturelle nous permet de faire fonctionner nos neurones, nos sens, nos émotions et participent donc à un meilleur vieillissement. Mais pas seulement, la culture nous permet également de tisser du lien social, d'apprendre et donc d'avoir une meilleure estime de soi. Grâce à la culture, on exprime notre opinion, on échange et on s'élève. Vous pensez que la culture n'est pas pour vous ? Que c'est réservé aux intellectuels ? Aux riches ? C'est faux ! La culture est partout et sans snobisme. Il y en a pour tous les goûts et bien souvent le meilleur de la culture est très accessible !

CE QUE DISENT LES ÉTUDES

LA CULTURE, C'EST BON POUR LA SANTÉ !

Mener une vie culturellement active rime aussi avec bien-être. Que l'on parle de musique, d'art contemporain, d'opéra, de théâtre ou tout simplement de comédie, les études convergent vers du mieux-être. On peut participer à la vie culturelle en étant passif, c'est-à-dire en étant spectateur. Mais on peut soi-même avoir une pratique artistique comme la peinture, la photographie… Les mécanismes physiologiques mis en jeu sont multiples.

LA MUSIQUE PEUT AVOIR UNE INCIDENCE CONSIDÉRABLE SUR NOTRE HUMEUR

Hervé Platel, dont les travaux sont mondialement connus, est l'un des premiers chercheurs à avoir observé un cerveau sous l'influence de la musique grâce à l'imagerie par résonance magnétique (IRM). Avec son équipe, il a réussi à mettre en évidence les réseaux du cerveau impliqués dans la perception et la mémoire musicale. Jusque-là, on pensait que les deux hémisphères du cerveau jouaient un rôle complémentaire, le gauche intervenant dans la logique et le langage, le droit dans la partie artistique. Il est arrivé à la conclusion que la musique engage le cerveau dans sa globalité, elle le sollicite dans des zones qui ont des fonctions beaucoup plus larges. Écouter de la bonne musique, à intensité normale, crée dans le cerveau une véritable « symphonie neuronale ». Il démontre aussi que l'apprentissage de la musique développe des zones du cerveau. En fonction des exercices que le sujet pratique et des stimulations que le cerveau reçoit, le cerveau crée de nouveaux neurones (la neurogenèse), mais surtout multiplie les connexions (les synapses) pour optimiser ses performances : c'est la plasticité cérébrale. Aussi universelle que le langage, présente depuis la nuit des temps, la musique développe nos capacités intellectuelles et aide à lutter contre la maladie d'Alzheimer.

La musique a aussi des vertus sur l'humeur. On les connaît tous. Qui ne s'est jamais senti reboosté après avoir écouté une musique entraînante ? Levé du bon pied au son de l'un de ses morceaux préférés ? Une étude menée en 2015, par le docteur Jacob Jolij, chercheur en neurosciences à l'université de Groningue, aux Pays-Bas, a essayé de déterminer pourquoi certaines chansons nous rendent heureux. Il s'est posé la question de savoir si c'était dépendant de nos goûts ou de la musique en soit. Une centaine de personnes ont donné des titres de chansons qui les rendaient heureux. Après analyse des résultats, le docteur Jolij a dégagé une formule régie par trois critères : un tempo rapide (150 battements par minute minimum), l'utilisation d'une gamme de notes en mode majeur et enfin les paroles qui doivent être positives.

En se basant sur ces critères, le scientifique a étudié les tubes de ces cinquante dernières années pour déterminer ceux qui nous mettaient de très bonne humeur, à tous les coups. Les voici :

1- *Don't Stop Me Now*, de Queen
2- *Dancing Queen*, d'Abba
3- *Good Vibrations*, des Beach Boys

EXERCICE

VOTRE PROPRE PLAYLIST

Et vous, quelle est votre playlist « bonne humeur » ?

....

....

....

....

....

....

....

....

....

....

Le docteur Valorie N. Salimpoor, de l'institut de recherche Rotman de Toronto, est allée plus loin. Elle a étudié le cerveau de volontaires pendant l'écoute de leur chanson favorite. Premier constat : de la dopamine était libérée dans certaines aires cérébrales, pile au moment où le sujet ressentait un frisson. En regardant de plus près, les scientifiques ont observé que la libération de dopamine survenait en deux temps. D'abord au moment où le climax du morceau survient, provoquant un pic émotionnel et un relâchement de la tension. Mais aussi avant ce pic, lorsque le sujet anticipe sa survenue. Ce plaisir de l'anticipation explique pourquoi nous écoutons en boucle la même chanson.

45 MINUTES DE LOISIRS CRÉATIFS SUFFISENT À ÉVACUER LES MAUVAISES ÉNERGIES

Une étude américaine menée par l'université de Drexel et publiée en juin 2016 a mis en avant les bénéfices de la pratique du coloriage, du collage, des loisirs créatifs et d'une façon plus générale de la création artistique, quelle qu'elle soit. L'étude a suivi 39 adultes âgés de 18 à 59 ans. Les participants ont réalisé des activités artistiques pendant une séance de moins d'une heure. Leur taux de cortisol, hormone du stress, a été mesuré avant et après la session. Le niveau de cortisol s'est trouvé abaissé chez 75 % des participants. Les auteurs de l'étude expliquent que la pratique artistique permet de mettre les choses du quotidien en perspective, de prendre du recul, de modifier son point d'attention et donc de mieux gérer son stress. C'est certainement une explication à l'engouement pour le coloriage, le scrapbooking et autres loisirs créatifs : ils nous font du bien !

LES LIENS SOCIAUX, LA SOLUTION POUR RESTER EN BONNE SANTÉ ?

On sait déjà que pour rester en bonne santé le plus longtemps possible, il est indispensable d'avoir une alimentation équilibrée et de faire de l'exercice physique… Aujourd'hui, j'ajoute que pour être bien le plus longtemps possible, il faut partager ! Partager avec des amis, avec ses proches. Les liens sociaux sont indispensables pour notre bien-être ! Et la culture nous permet de tisser des liens sociaux.

Une étude américaine menée par l'université de Caroline du Nord à Chapel Hill (États-Unis) et publiée dans la revue *Proceedings of the National Academy of Sciences* a étudié le rapport entre les liens sociaux et l'impact sur notre bien-être psychologique et physiologique. Les chercheurs ont analysé des échantillons représentatifs de la population américaine (adolescents, jeunes adultes, seniors…). Ils se sont d'abord intéressés à leur niveau d'intégration sociale et à leurs relations avec autrui. Ensuite, ils ont évalué leur santé physique à travers plusieurs marqueurs biologiques.

Les résultats sont très clairs : l'absence de lien social augmente les risques d'inflammation et d'hypertension.

En revanche, les personnes qui avaient plus de relations sociales avaient de meilleurs résultats sur les marqueurs biologiques. En clair, ils vieillissaient mieux. Vous l'aurez compris, pour rester en forme… il faut échanger et la vie culturelle est un excellent vecteur de partage, de curiosité et d'ouverture. Si vous avez une vie culturelle, vous serez moins autocentré. Et le fait d'être autocentré participe à l'entretien d'un éventuel mal-être.

LE SAVIEZ-VOUS ? ÊTRE EN COMPAGNIE DE PERSONNES INTELLIGENTES ET CURIEUSES CONTRIBUE AU BIEN-ÊTRE

Une étude menée par l'université d'Aberdeen s'est intéressée à l'impact de la relation maritale des hommes sur l'évolution de leur état neuropsychiatrique avec l'âge. Les résultats révèlent que les sujets masculins mariés à des femmes intelligentes, cultivées et curieuses menaient non seulement une vie plus longue et plus heureuse, mais présentaient également moins de risques de développer une maladie d'Alzheimer ou autres démences pathologiques. La stimulation cérébrale permanente provoquée par une existence menée au côté d'un esprit vif aide à prévenir divers symptômes de dégradation mentale, comme les pertes de mémoire. Les femmes inspirantes pour leurs maris, dont la conversation requiert une certaine exigence intellectuelle et un effort de compréhension, évitent à leur compagnon de mal vieillir. Donc souvenez-vous-en, si vous n'aimez pas la culture, entourez-vous de personnes cultivées et curieuses, vous profiterez aussi des vertus de la culture sur la santé… indirectement ! Nous nous permettons d'imaginer que les résultats révélés par cette étude sont aussi vrais pour les femmes bien entourées !

EN RÉSUMÉ

La culture, c'est bon pour la santé, comme tout ce qui sollicite le cerveau. Quand on va voir un spectacle, on ressent des émotions et on fait travailler sa mémoire et sa réflexion. Donc on stimule ses neurones. Plus on les stimule, plus ils vont se connecter entre eux. Et mieux notre cerveau vieillira. Tout cela participe à nous maintenir alertes et curieux. La pratique de l'art ou l'écoute de la musique a également des bénéfices sur la concentration, la bonne humeur, la créativité et la gestion du stress.

Il y a également une dimension sociale fondamentale dans la vie culturelle. On va rarement à un spectacle seul. On est avec des gens ou on sort avec des amis. Ainsi, on partage ce qu'on a vu, entendu et cela crée du lien social.

Il y a aussi un impact psychologique car la culture permet d'avoir une bonne estime de soi. Non pas pour se vanter dans les soirées mondaines. Mais parce qu'on découvre des œuvres, on s'enrichit l'esprit, on s'ouvre à d'autres manières de penser, on partage avec les autres…

Mes conseils pour profiter des vertus bien-être de la culture

L'art est partout : pas besoin d'être un collectionneur d'art contemporain pour apprécier les effets de l'art sur le bien-être, pas besoin non plus d'être connaisseur. Dans un jardin public, près d'une vue panoramique au-dessus de la ville, dans une reproduction bon marché d'un tableau de Matisse… Apprenez juste à vous entourer de tout ce qui provoque une émotion positive chez vous !

Il n'y a pas de snobisme dans la culture : que vous soyez expert en art contemporain ou juste fan de théâtre de boulevard, l'important n'est pas le niveau d'accessibilité intellectuelle de la culture ! Le mot « culture » ne doit pas faire peur. L'important est de partager une opinion, d'échanger, de s'élever dans un domaine. La culture permet, à tous les niveaux, de repenser l'image que l'on a de soi et d'être à l'aise dans toutes les situations !

Vous avez peur de dire des bêtises dans les galeries d'art ? Il existe maintenant des coups de pouce. Vous connaissez certainement Shazam pour la musique, il existe l'application Magnus pour l'art. Cette application donne des informations sur une œuvre d'art prise en photo, ainsi que son prix. Développée depuis 2013, l'application Magnus contient dans sa base de données plus de 8 millions d'œuvres exposées entre autres dans les galeries et les musées. Son fonctionnement est simple : il suffit de prendre une œuvre d'art en photo avec son Smartphone et l'application affiche des informations telles que son nom, son auteur, ses dimensions et même son prix (avec un éventuel historique des enchères), ainsi que des œuvres similaires. Magnus donne également des informations sur l'artiste ainsi que sur ses expositions passées et présentes. Pour l'instant, l'application, encore récente, se limite à l'art contemporain. Elle ne fonctionne qu'avec les galeries et les musées de New York mais l'éditeur compte l'étendre prochainement à d'autres villes, notamment Londres et Berlin.

Vous ne souhaitez pas dépenser d'argent ? Sachez que les villes sont remplies d'œuvres d'art dont l'exposition est gratuite et ouverte à tous. Cherchez, profitez, c'est comme une redécouverte de votre ville : les beaux immeubles, les bâtiments, le *street art*…

Diversifiez vos activités et commentez-les vous-même : varier ses activités comme il faut équilibrer son alimentation, c'est la meilleure façon de s'enrichir l'esprit. Il faut être ouvert à différentes disciplines : théâtre, musique, cinéma, peinture, humour… il est important aussi de se faire sa propre opinion pour pouvoir partager et argumenter un avis, de cette façon, on entretient sa curiosité.

Docteur, je suis épuisé, j'ai besoin de recharger mes batteries mais je n'ai vraiment pas le temps de partir en vacances.
Pas de problème, j'ai bien mieux que des vacances. Je vous prescris : une pièce de théâtre en amoureux samedi soir, un concert de jazz mercredi, et une minicure des couleurs de Chagall dimanche. Ça va vous retaper ! Et bien sûr, revenez me voir pour en discuter...

Chapitre 10

LE MIEUX-ÊTRE *dans la maladie*

> “On permet aux patients atteints de cancer de retrouver leur dignité et on leur apporte un peu de soleil dans leur vie. On leur donne de l'amour.”
>
> Myriam Ullens de Schooten

Lorsque le diagnostic d'une maladie grave nous frappe, c'est un bouleversement pour soi et pour l'entourage. Les personnes malades, qui ont brutalement la révélation de leur fragilité, ressentent de la peur, de l'angoisse et l'incertitude face à leur avenir. Le besoin de beaucoup de chaleur et de compréhension est très important, la recherche du bien-être est essentielle pour les personnes malades.

Peut-on être heureux lorsque l'on est malade ? Peut-on ressentir du bien-être quand certaines fonctions de notre corps nous lâchent ? Contre toute attente, la réponse est oui. Il est prouvé scientifiquement que les malades qui se sentent heureux augmentent leurs chances et leur vitesse de guérison. Difficile à faire, me direz-vous ? Prendre soin de soi, lutter contre l'isolement et faire de l'activité physique ont montré scientifiquement leurs avantages.

PRENDRE SOIN DE SOI PENDANT LA MALADIE

Des traitements comme les traitements du cancer modifient les caractéristiques physiques du corps. En plus de la pénibilité du traitement, les personnes sont démunies devant la nouvelle routine quotidienne pour les soins de base comme la coiffure ou l'hydratation de la peau. Elles peuvent avoir la sensation de perdre leur dignité à travers les modifications physiques.

En 2015, j'ai été en contact avec la Fondation Mimi Ullens. Cette fondation a été créée par Myriam Ullens, qui pendant son combat contre le cancer a réalisé que le mieux-être du patient pendant le traitement peut jouer un rôle déterminant. Il faut continuer à prendre soin de soi, pour trouver la force de lutter, pour continuer à avancer, pour se sentir aussi bien que possible, malgré tout. La Fondation Mimi Ullens met tout en œuvre pour proposer gratuitement aux patients atteints d'un cancer un instant de bien-être, par des soins esthétiques, des massages ou une aide psychologique. La Fondation Mimi Ullens implante des centres de mieux-être au sein même des services d'oncologie d'hôpitaux partenaires.

J'aimerais mettre en avant leur travail exceptionnel au service du patient. C'est ma rencontre avec des membres de la Fondation Mimi Ullens qui m'a donné envie de parler du mieux-être dans la maladie afin de partager leurs conseils pour mieux vivre ce combat. De nombreuses associations se battent pour améliorer la qualité de vie des patients hospitalisés en prenant soin d'eux, en les faisant rire, en apportant la culture à l'hôpital, leur travail est tellement utile et tellement réconfortant !

LE SAVIEZ-VOUS ?

En 2015 Les Trophées du Bien-être ont choisi de récompenser dans la catégorie « Soin de soi & Bien-être » la société Lingerie indiscrète.

Lingerie indiscrète est un concept unique, créé par des femmes pour des femmes. Ces anciennes salariées licenciées d'une grande maison de lingerie féminine ont décidé de confectionner en France de la lingerie de haute qualité du 36 au 58, du 85A au 120F, mais surtout des produits personnalisables. C'est la haute couture de la lingerie, mais la haute couture au sens premier du terme, c'est-à-dire sur mesure. La personnalisation s'adresse aux femmes avec une différence mammaire innée ou suite à une mastectomie. Je salue cette entreprise qui permet de se sentir mieux malgré des opérations pouvant être vécues comme des mutilations.

LES VERTUS DE LA CULTURE CHEZ LES PATIENTS HOSPITALISÉS

La pratique d'activités artistiques et culturelles en milieu hospitalier est considérée comme nécessaire par les Français et les professionnels de santé. Elle semble également avoir des vertus thérapeutiques. Pour 92 % des soignants, elle diminue le sentiment de souffrance.

Ils sont 68 % à penser qu'elle contribue à redonner confiance aux patients dans leur traitement, et 65 % à estimer qu'elle améliore l'efficacité de ces derniers. Le 1er décembre 2010, la Fondation Réunica Prévoyance a rendu publics les résultats de l'étude « Art et Culture à l'hôpital ». Ils confirment l'intérêt de mener des actions de mise à disposition de la culture chez les personnes hospitalisées en mettant en avant aussi l'augmentation de la sociabilité, et l'amélioration de la relation patients-soignants.

La culture accorde au patient un statut différent en tant que facteur de valorisation personnelle et sociale. Même pendant une hospitalisation ou une prise en charge de longue durée, la possibilité de poursuivre une vie culturelle – ou, parfois, de la débuter – réduit l'isolement et permet de garder un lien avec le monde extérieur. Ouvrir l'hôpital à la culture revient à donner aux artistes la possibilité d'y présenter des œuvres, mais permet également d'offrir aux patients des modes d'expression privilégiés.

"Ce qui a vraiment un sens dans l'art, c'est la joie. Vous n'avez pas besoin de comprendre. Ce que vous voyez vous rend heureux ? Tout est là."

Constantin Brancusi

LES VERTUS DE L'ART-THÉRAPIE : L'HISTOIRE D'ADRIAN HILL

On attribue la paternité de l'art-thérapie à Adrian Hill (1940), un peintre tuberculeux. Il passa son temps à peindre durant sa maladie et sa convalescence. C'est alors que les médecins observèrent l'amélioration évidente de son état général et d'un réel mieux-être de sa personne. Dès qu'il fut rétabli, les médecins l'invitèrent à faire de la peinture avec les patients du sanatorium. Ensuite, en 1945, Adrian Hill publia son premier livre, *Art Versus Illness*, dans lequel il créa le terme « art-thérapie » : « Lorsqu'il est satisfait, l'esprit créateur [...] favorisera la guérison du malade », écrivit-il. Intéressée par cette approche, la Croix-Rouge britannique l'utilisa avec ses patients. En 1950, les premiers programmes de formation en art-thérapie virent le jour aux États-Unis. En France, il fallut attendre 1986, malgré une pratique bien antérieure, pour que le concept soit enfin reconnu par la communauté scientifique au cours d'un congrès international.

L'art-thérapie propose de créer tout ce qui peut être de l'ordre de l'impossible à dire, à représenter, à soi ou aux autres. Le patient est accompagné afin de produire son œuvre et sa propre réponse créatrice. Il va intégrer, puis transposer dans ses productions ses difficultés, souffrances, douleurs, malheurs, angoisses, peurs, colères... Aujourd'hui l'art-thérapie est utilisée chez les personnes malades mais aussi chez les personnes qui hésitent à entreprendre une thérapie classique ou une psychanalyse. Elle apparaît comme une chance, une opportunité nouvelle d'accéder à ses sentiments et à ses émotions refoulées.

L'ACTIVITÉ PHYSIQUE PENDANT LE TRAITEMENT DU CANCER

L'activité physique modérée et en adéquation avec sa pathologie peut avoir des avantages sur la gestion de la douleur et le ressenti de la fatigue. L'activité physique diminuerait de 36 % la fatigue liée au traitement du cancer, quel que soit le moment de prise en charge et le stade. De 80 à 100 % des patients sous chimiothérapie disent souffrir de la fatigue. La fonte musculaire provoquée par les traitements anticancéreux peut augmenter la toxicité des chimiothérapies, il est donc nécessaire que la masse maigre soit importante et maintenue pendant les traitements. L'activité physique a aussi un rôle dans l'observance des traitements (respect de la prise des médicaments). L'activité physique sur avis médical peut aider à diminuer les séquelles liées à la chirurgie dans certains cancers du sein.

Cependant, attention à ne pas faire n'importe quoi pendant la maladie et le traitement. La Fédération nationale Cami Sport et cancer est aujourd'hui présente dans une vingtaine de départements, en ville ou à l'hôpital. Elle dispense des cours destinés aux personnes en traitement ou en rémission d'un cancer *via* des spécialistes formés à la psycho-oncologie de la pratique sportive.

LE SAVIEZ-VOUS ?

Le Comité national olympique et sportif français (CNOSF) vient de mettre en ligne un dictionnaire des activités physiques conseillées. Vous y apprendrez que la marche nordique et l'escrime sont recommandées dans les cancers du côlon et du sein. On vous rappellera aussi que la fréquence, l'intensité et le plaisir comptent avant tout.

LA PENSÉE POSITIVE

La pensée positive est un état d'esprit, le principe est de rester concentré au maximum sur les côtés positifs de la vie et sur ce qui vous procure du bonheur. Attention : il ne s'agit pas de nier la souffrance et la tristesse déclenchées par la maladie, mais de parvenir à les dépasser. Porter un regard plus optimiste sur le présent et le futur aide à mieux gérer sa maladie et à accélérer la vitesse de guérison. Les risques de tomber dans la dépression à cause de la maladie, par exemple, sont écartés par la pensée positive, qui donne aussi assez de volonté pour bien suivre son traitement et prendre suffisamment soin de soi. Garder un esprit positif durant la maladie peut sembler difficile. Heureusement, il existe de nombreux moyens de booster son optimisme. Par exemple, une thérapie cognitivo-comportementale donne souvent de bons résultats. Pensez également à la « rigolothérapie » : de plus en plus en vogue, ces séances de rire collectif sont particulièrement bénéfiques pour la santé cardiovasculaire.

RIEZ !

LES VERTUS CURATIVES DU RIRE : L'HISTOIRE DE NORMAN COUSINS

Norman Cousins était un journaliste américain très connu, rédacteur en chef de la *Saturday Review*. En 1964, ses médecins lui apprennent qu'il est atteint de spondylarthrite ankylosante. C'est une maladie incurable de la colonne vertébrale provoquant des douleurs dans le bas du dos et un raidissement articulaire. Tendons, ligaments et articulations se calcifient. Cette maladie très douloureuse n'a pas de traitement à part des antidouleurs, dont les effets secondaires peuvent être redoutables. Norman Cousins raconte même que ses médecins ne lui donnent pas 1 chance sur 500 de survivre. Confronté à ce sombre diagnostic, Norman Cousins se lance dans ses propres recherches, grâce à sa formation médicale (il avait été professeur adjoint à l'école de médecine de l'université de Californie à Los Angeles), et fait trois choses absolument contraires à l'avis de ses médecins :

1- Prendre de la vitamine C à haute dose ;
2- Quitter l'environnement anxiogène de l'hôpital ;
3- Regarder des films comiques.

Norman Cousins se procure un projecteur et un stock de films comiques. Durant sa première nuit à l'hôtel, il rit tellement en regardant ces films qu'il parvient ensuite à dormir plusieurs heures sans ressentir de douleur. Le rire avait stimulé sa production d'endorphines, aux effets anesthésiants, fabriquées naturellement par le corps. Il raconte qu'en mesurant sa vitesse de sédimentation (un des examens de routine effectué au cours d'un bilan sanguin et qui permet de mesurer l'inflammation et les infections) il observa que son taux diminuait de 5 points chaque fois qu'il regardait un de ces films. Norman Cousins reçut le prix Albert-Schweitzer, en 1990. Il est mort d'une crise cardiaque, en 1990, à Los Angeles, vingt-six ans après le diagnostic de sa maladie.

Pensez-y un peu tous les jours : un bon film comique, une blague bon enfant des célèbres caramels à l'emballage jaune, les clubs du rire, le yoga du rire… tout est bon tant que vous riez avec votre entourage. À quand d'ailleurs les blagues à la fin des ordonnances médicales ?

LE RIRE À L'HOPITAL

Au début des années 1980, vêtu d'un habit de clown, le docteur Hunter « Patch » Adams (personnifié au cinéma par Robin Williams) se mettait à soigner ses patients en utilisant le rire et l'humour comme un important instrument thérapeutique. Il se promenait dans les couloirs de sa clinique vêtu en clown pour soigner les enfants. Le docteur Patch Adams démontra que les patients plus détendus et joyeux réagissaient mieux aux traitements, acceptaient plus facilement les soins et son concept prit peu à peu de l'ampleur. C'est ainsi que sont nées des associations telles que le Rire médecin ou Les Clowns de l'espoir, qui se sont peu à peu implantées dans les hôpitaux français.

EST-ON DIMINUÉ LORSQUE L'ON EST MALADE OU HANDICAPÉ ?

Chacun peut apporter une réponse à cette question. Moi, je voudrais partager cette initiative de l'artiste chinois Jody Xiong datant de 2014, qui a permis à seize personnes privées de leurs jambes et de leurs bras de réaliser des peintures qui ont ensuite été exposées. Avec 88 millions de personnes handicapées, la Chine est le pays qui compte aujourd'hui le plus de personnes victimes de handicap. Pour sensibiliser la population chinoise à ce sujet, l'artiste Jody Xiong s'est associé avec la marque de peinture acrylique Winsor & Newton pour une opération assez exceptionnelle.

Un corps handicapé ne limite en rien les capacités de l'esprit humain. C'est avec cette conviction que la campagne « Mind Art » a été menée en Chine. Jody Xiong et la marque Winsor & Newton ont imaginé un dispositif étonnant où les participants étaient équipés d'un scanner cérébral sous la forme d'un casque. Par la force de leur esprit et de leur volonté, le scanner activait des microdétonateurs et faisait exploser des ballons de peinture enfermés entre quatre toiles. Sans avoir à bouger, et par la seule force de leur esprit, les participants ont donc été capables de réaliser de véritables fresques artistiques après avoir choisi les couleurs dans lesquelles ils souhaitaient s'exprimer. L'opération a été un succès, avec plus de 50 000 visiteurs lors des expositions, un peu plus de 100 000 euros récoltés pour aider la cause des handicapés en Chine, et surtout… un message : « Un corps handicapé ne limite en rien les capacités de l'esprit humain », qui a été vu plus de 20 millions de fois dans les médias chinois !

Rappelez-vous également que certaines prothèses biomimétiques vont au-delà des capacités de notre corps et que lorsque la prothèse a des fonctions plutôt basiques elle peut tout simplement nous donner l'impression de porter la combinaison de super-héros comme les prothèses d'Iron Man de la start-up britannique Open Bionic.

Dans la maladie, chacun doit trouver une façon de se ressourcer. Le rire, la culture, le soin de soi, l'activité physique vous permettront de vous évader en tissant de nouveaux liens. J'aime aussi penser qu'en suivant les progrès fabuleux des nouvelles technologies au service de la santé et de la médecine de demain on peut envisager que ce que la maladie a diminué en nous, la technologie le transcendera peut-être demain !

PENSÉES POSITIVES SUR LA MALADIE

*" Les batailles de la vie
ne sont pas gagnées par les plus forts
ni par les plus rapides, mais par ceux qui
n'abandonnent jamais."*
Hassan II

*" Tout ira pour le mieux à la fin. Si ce n'est
pas mieux, c'est que ce n'est pas la fin."*
Ed Sheeran

*" Si tu ne peux pas voler, alors cours.
Si tu ne peux pas courir, alors marche. Si tu
ne peux pas marcher, alors rampe, mais quoi que
tu fasses, tu dois continuer à avancer."*
Martin Luther King Jr.

*"Jamais, jamais, jamais.
N'abandonnez jamais."*
Winston Churchill

Comment ça va aujourd'hui ?
Ça va, ça va ! Je vais au FabLab du coin de la rue pour faire réimprimer mon bras. Il y a un nouveau fabriquanteur spécialiste de la santé, il est formidable. Et toi ça va ?

ÉPILOGUE

Lorsque l'on dit des gens « qu'ils sont doués pour le bonheur », on se trompe en partie. Ce n'est pas un don : être bien se décide et s'apprend. Dans mon premier livre, coécrit avec le professeur Josette Dall'Ava Santucci, nous avons largement décrit les conditions physiologiques du bien-être qui restent indispensables. À travers mon nouvel ouvrage, j'ai essayé de partager avec vous ma vision du bien-être : il est dépendant de notre épanouissement et de notre capacité à nous rendre heureux. Chacun doit se prendre en main et décider d'entreprendre pour son bonheur et son épanouissement. C'est une condition essentielle à la construction de demain et aux projets de chacun. Le bien-être est comme un muscle, il se travaille, il s'entretient, il se fortifie. Pour l'entretenir, il y a des astuces toutes simples à adopter qui doivent devenir un réflexe.

En résumé, la positivité au quotidien, c'est être capable de s'émerveiller, de vibrer, de rire… Cela nous permet de vivre mieux, plus sereinement. Pour vous habituer à entraîner votre positivité, le plus simple est de vous replonger régulièrement dans un moment où vous avez vécu intensément le bonheur et le bien-être et d'en revivre toutes les sensations. Votre mémoire sensorielle vous restituera des perceptions visuelles, sonores, olfactives, tactiles que vous avez enregistrées.

J'espère aussi que vous aurez trouvé, grâce à cet ouvrage, différents moyens de réorienter votre attention vers les aspects satisfaisants de la vie, comme l'appréciation du moment présent, des petites choses simples qui nous entourent, des personnes côtoyées régulièrement… En étant positif au quotidien, on devient prêt à accueillir le bonheur, on le cultive.

Enfin, les études scientifiques les plus récentes s'intéressent aux vertus des relations sociales de qualité sur la santé. Nous ne sommes qu'au début des analyses dans ce domaine mais les conclusions sont pour l'instant passionnantes : partager avec les gens qui nous entourent, les écouter sincèrement, échanger, s'occuper des autres ont autant d'avantages pour le bien-être qu'une alimentation de qualité et une activité physique régulière. Alors prenez soin de votre entourage, découvrez-le, votre curiosité envers les autres vous apportera de la sérénité et du bonheur. Ressentez de la gratitude pour ce que vous êtes, pour les autres et pour la vie !

Être bien est le plus beau cadeau que l'on puisse faire aux gens qui nous entourent. On se doit d'être heureux et d'être bien, pour nos enfants, pour réenchanter notre vie et la leur, et, à notre petite échelle, cela reste le meilleur moyen de réenchanter le monde.

Un nouveau monde est à construire, il faudra le construire avec le plus de bien-être possible, c'est à nous de jouer !

BIOGRAPHIE DE SYLVAIN BONNET

Sylvain Bonnet est entrepreneur du Bien-être depuis treize ans. Il est le président-fondateur de NL International en Europe.

En 2003, il réalise que le bonheur n'est pas la conséquence de circonstances extérieures, mais le fruit d'une décision intérieure. Il élabore alors avec l'aide de scientifiques spécialisés dans la diététique une nouvelle méthode de gestion du poids et de la silhouette alliant le Bien-manger, le Bien-bouger et le Bien-être. Il est aussi le fondateur des Trophées du Bien-être, qui récompensent chaque année des initiatives, des innovations et des entrepreneurs qui contribuent à créer ou à développer le bien-être pour le plus grand nombre, dans différents domaines de la vie quotidienne (habitat, santé, spectacle, technologie, etc.).

En tant que chef d'entreprise ou à titre personnel, Sylvain Bonnet est engagé dans diverses actions humanitaires, culturelles et artistiques.

Il participe également à un groupe de réflexion sur le développement économique européen, le Bien-être en Europe, dans le cadre d'EuropaNova.

Il est le coauteur, avec le professeur Josette Dall'Ava Santucci, de *Vivre mince, mieux, plus longtemps, un guide pratique sur la santé durable*, paru aux Éditions First en 2013.

Pour ce qui est de

L'AVENIR

IL NE S'AGIT PAS

DE LE PRÉVOIR

mais de le rendre

POSSIBLE

Antoine de Saint-Exupéry

LE SOURIRE

que tu envoies

REVIENT

VERS TOI

Proverbe hindou

LA VIE
ce n'est pas d'attendre que
LES ORAGES PASSENT,
c'est d'apprendre comment
DANSER
SOUS LA PLUIE

Sénèque

VOTRE VIE
ne s'améliore pas
PAR HASARD
elle s'améliore par le
CHANGEMENT

Jim Rohn

Un pessimiste voit
LA DIFFICULTÉ
DANS CHAQUE OPPORTUNITÉ,
un optimiste voit
L'OPPORTUNITÉ
DANS CHAQUE DIFFICULTÉ.

Winston Churchill

Je travaille à être
HEUREUX :
C'EST LE PLUS BEAU
DES MÉTIERS

Robert Lassus

QUE VOS CHOIX

reflètent vos

ESPOIRS

et non vos

PEURS

Nelson Mandela

Si on veut obtenir

QUELQUE CHOSE QUE L'ON N'A

JAMAIS EU

IL FAUT TENTER

QUELQUE CHOSE QUE L'ON N'A

JAMAIS FAIT

Périclès

LA SEULE LIMITE
à notre épanouissement
DE DEMAIN
SERA NOS DOUTES
D'AUJOURD'HUI

Franklin Delano Roosevelt

Le grand art d'être
HEUREUX
n'est que l'art de
BIEN VIVRE

Jean-Louis Guez De Balzac